감정은 돈이 되지 않는다

이 책은 특정 종목이나
투자 비법을 알려주지 않는다.
단순한 주식 가이드도 아니다.
왜 당신의 수익률이 낮은지,
왜 실수가 반복되는지,
그리고 무엇이 당신을 흔들리게
만드는지를 이야기한다.

감정은 돈이 되지 않는다

주식 투자 본능과의 싸움

고충성 지음

Prologue

투자는 결국, 나를 이해하는 일이다

　　　　　　17년 전, 나는 아껴 모은 돈으로 처음 투자를 시작했다. 하지만 성과는 대부분 만족스럽지 않았다. 한때는 투자를 투기나 도박처럼 여기며 시장을 떠나기도 했다. 지금 생각해보면, 처음으로 산 종목은 '한화'였다. 마침 당시 뉴스에서는 기업 회장의 폭행 사건이 연일 보도되고 있었다. 왜 그 주식을 샀는지, 지금은 도무지 기억도 나지 않는다.

　다행스럽게도 지금은 수년째 연평균 15% 이상의 수익률을 기록하고 있다. 그 변화의 중심에는, 매 순간 조금 더 나은 선택을 하려는 태도가 있었다.

　많은 사람들은 투자 실패의 이유를 정보 부족이나 운 탓으로 돌린다. 하지만 실제 원인은 대부분 다르다. 감정에 휘둘려 조급하게 팔고, 남을 따라 사고, 충동적으로 거래했기 때문이다. 나도 그랬다. 70%의 손실을 경험한 후에야 깨달았다. 문제는 시장이 아니라,

내 감정이었다.

  어떤 책도, 어느 투자 대가의 말도 시장에서 직접 겪는 고통과 혼란을 대신해줄 수는 없다. 시세는 언제든 오르고 내리며, 그 변동은 예측할 수 없다. 시장은 반복적으로 상승과 하락을 거듭한다. 손실을 감당하는 능력은 이론이 아니라 체험을 통해 길러진다. 실패 없이 성장한 투자자는 없다. 코스탈로니는 "파산을 겪어보지 않은 사람은 진짜 투자자가 아니다"라고 했고, 하워드 막스는 자산이 반토막 나는 고통을 온몸으로 겪기 전에는 진정한 투자자가 될 수 없다고 말했다.

  그 변화를 온몸으로 겪고, 손실을 버텨낸 시간은 투자에 대한 이해와 자신만의 원칙을 만들어준다. 하락장에서 시장을 떠나는 이들도 많지만, 끝까지 남아 자신의 판단을 점검하고, 그 과정에서 교훈을 얻는 이들만이 진정한 성장을 이룬다. 중요한 것은 고통 그 자체가 아니라, 그것을 어떻게 받아들이고 다루느냐다.

  나 역시 한동안 깊은 좌절을 겪었다. 후회도 많았고, 남 탓도 해봤다. 그러다 무언가에 이끌리듯 책을 읽기 시작했다. 실패했지만 멈추지 않았다. 집에서도, 카페에서도, 버거킹 구석 자리에서도 책을 폈다. 내가 할 수 있는 건, 배우는 일이었다. 계좌는 여전히 손실을 안고 있었지만, 이제는 어떻게 대응하고, 어떤 기준을 세워야 할지 조금씩 보이기 시작했다. "그들이었다면 어떻게 했을까?"라는 질문이 나를 바꾸기 시작했다.

이 책은 특정 종목이나 투자 비법을 알려주지 않는다. 단순한 주식 가이드도 아니다. 왜 당신의 수익률이 낮은지, 왜 실수가 반복되는지, 그리고 무엇이 당신을 흔들리게 만드는지를 이야기한다. 투자를 오래 했지만 여전히 만족스럽지 않다면, 그 원인은 종목이나 정책, 유튜버나 종목을 추천해준 친구가 아니라, 바로 '나 자신'일지도 모른다.

나는 워런 버핏과 찰리 멍거, 나심 탈레브와 하워드 막스 같은 투자 대가들의 통찰을 반복해서 읽으며 내 태도를 점검해왔다. 그들의 이론과 내 시행착오가 만나는 지점에서 이 책이 만들어졌다. 무자비한 시장 속에서도 우리가 어떻게 올바른 선택을 할 수 있을지를 이야기한다. 그 선택들이 쌓여 당신을 바꾸고, 결국 당신의 수익률을 바꾸게 되기를 바란다.

이 책은 투자자가 반드시 이해해야 할 세 가지를 이야기한다.

첫째, 냉정한 시장의 현실. 둘째, 그 안에서 살아남기 위한 태도. 그리고 셋째, 우리가 직면한 돈의 가치 하락이라는 구조적 문제다.

1장과 2장에서는 왜 대부분의 개인 투자자가 실패할 수밖에 없는지를 살핀다.

시장은 이미 수많은 전문 트레이더들로 가득 차 있고, 그 안에서 감정에 휘둘리는 개인은 구조적으로 불리하다. 예측은 거의 불가능하며, 시장은 이유 없이 움직일 때가 많다. 단기 수익을 노리는 전략은 결국 더 큰 손실로 되돌아온다. 이 장에서는 우리가 현실적으로 기대할 수 있는 수익률이 무엇인지, 복리의 힘이 왜 그렇게 중요한지를 이야기한다.

3장과 4장은, 시장을 견디고 더 성과를 내는 기질을 다룬다.

투자는 실패를 감내하면서 원칙을 만들어가는 과정이다. 회복 가능한 손실을 받아들이는 힘, 운과 실력 사이에서 냉정하게 판단할 수 있는 기준, 그리고 정보의 소음 속에서도 흔들리지 않는 자기 통제력이 결국 수익률을 만든다. 성과는 단 한 번의 판단이 아니라, 반복되는 선택에서 주어진다.

마지막 5장은, 지금 우리가 살고 있는 시대의 구조적 진실을 이야기한다.

화폐의 가치는 천천히 녹아내리고 있고, 자산의 잠식은 일상이 되었다. 부채와 인플레이션, 정부 정책과 인센티브까지 — 이 구조를 모른 채 살아간다면, 결국 손해를 보는 쪽은 우리다. 투자는 더 이상 선택이 아니다. 이해하지 못한 만큼, 잃어버리게 된다.

당신의 수익률을 바꾸는 것은 시장이 아니라, 당신 자신이다.

투자는 본능과의 싸움이다. 감정은, 돈이 되지 않는다.

2025년 07월

저자 고 충 청

Contents
차례

서문 | 투자는 결국, 나를 이해하는 일이다 _ 04

제 1 장
극소수의 승자와 다수의 패자

01 3년째 수익이 없다면 _ 12
02 시장에는 극소수의 승자만 존재한다 _ 21
03 인간은 감정에 지배당한다 _ 36
04 복리의 마법, 시간이 만든 기적 _ 66

제 2 장
시장은 변덕스럽고 무자비하다

01 시장엔 방향도, 규칙도 없다 _ 82
02 시장은 질투심에 흔들린다 _ 103

제 3 장
실수를 피하는 삶이 실패하게 만든다

01 넘어질수록 더 단단해진다 _118
02 손실은 필요비용이다 _ 129
03 회복 가능한 실패여야 한다 _ 142

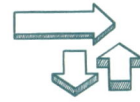

제 4 장
시장은 운과 실력의 경계에서 움직인다

01 예측하는 인간의 능력을 결코 믿지 않는다 _ 162
02 확률적으로 생각하라 _ 181
03 불확실성 속에서 생각을 정리하라 _ 195

제 5 장
미국의 부채는 줄고, 당신의 돈은 녹는다

01 돈의 가치, 그때와 지금 _ 241
02 인플레이션은 조용히 당신의 돈을 갉아먹는다 _ 240
03 정책은 누군가를 살리고 누군가를 버린다 _ 247
04 당신의 돈을 지키는 선택 _ 262

에필로그 | 이제는 자신만의 투자 철학을 세워야 할 때다 _ 270
이 책을 만든 생각들 _ 273

제 1 장

극소수의 승자와
다수의 패자

세상은 늘 우리의 뜻대로
흘러가지 않는다.
외부 환경이 바뀌면 삶도
나아질 것이라는 기대는 착각일 수 있다.
변화를 원한다면, 남이 아니라
나 자신을 바꾸는 것이
훨씬 지혜로운 선택이다.

01
3년째 수익이 없다면

투자 성과 측정하기

워런 버핏은 투자 후 3~5년 내에 시장 대비 수익을 내지 못한다면 자신의 성과를 냉정히 평가하고, 실패를 인정하라고 조언한다. 일정 기간 시장보다 못한 성과를 냈다면, 운이 아닌 자신의 문제일 수 있음을 인정하라는 뜻이다. 나의 투자 판단과 접근 방식을 재점검해야 할 시점일 수 있기 때문이다.

손실이 났다고 해서 무조건 실패는 아니다. 투자의 성과는 시장과의 상대 비교를 통해 판단해야 한다. 수익이 났더라도 시장 수익률보다 낮다면 성공이라 보기 어렵고, 반대로 손실을 입었더라도 시장보다 나았다면 잘한 투자다. 예를 들어, 시장이 20% 하락한 해에 내가 10% 손실로 마무리했다면, 시장 대비 10% 앞선 것이다. 중요한 것은 단기 수익의 크기가 아니라, 최근 3~5년간 시장 벤치마크를 꾸준히 상회했는지 여부다. 만약 지속적으로 시장보다 뒤처지고 있다면, 지금의 방식을 멈추고 투자 전략 자체를 다시 설계해야 한다.

브리지워터 어소시에이츠의 CEO 레이 달리오는 "배움은 실패의 원인에 대해 곰곰이 생각해보는 것에서 비롯된다."고 말했다. 우리는 실패를 통해 배우고, 고통을 통해 깨닫는다. 그리고 이 과정을 반복하면서 성장한다. 더 나은 투자자가 되기 위해서는 자신의 문제를 정확히 인식하고, 개선하려는 노력이 필요하다. 특히 투자처럼 외부 환경의 영향을 크게 받는 분야에서는 실패를 '운이 나빴다'는 식으로 넘기기 쉽지만, 그런 태도는 문제 해결에 아무런 도움이 되지 않는다.

이러한 교훈은 투자에만 해당되는 것이 아니다. 우리는 인생의 다른 영역에서도 종종 불평과 원망의 대상을 찾는다. "좋은 집안에서 태어났더라면!", "더 좋은 학교를 나왔더라면!" 같은 말들은 때때로 실제로 억울한 현실에서 비롯되기도 한다. 그러나 이미 바꿀 수 없는 사실에 대한 원망과 아쉬움은 자신에게 유익이 되지 않는다. 현실을 바꾸지 못하는 불평은 결국 실패의 변명일 뿐이다.

세상은 늘 우리의 뜻대로 흘러가지 않는다. 외부 환경이 바뀌면 삶도 나아질 것이라는 기대는 착각일 수 있다. 변화를 원한다면, 남이 아니라 나 자신을 바꾸는 것이 훨씬 지혜로운 선택이다. 냉정하게 손가락을 자신에게 돌릴 때, 변화의 가능성도 함께 열린다. 이는 투자뿐 아니라 삶의 전반에 적용되는 원칙이다.

자기 평가가 필요하다

자신의 문제를 직면하는 일은 불편하고 때로는 고통스럽다. 하지만 그 과정을 피해서는, 더 나은 투자자가 될 수 없다. 성과가 지속적으로 저조하다면, 그 원인은 외부에서 찾기보다 내 안에서 먼저 찾아야 한다. 투자에서 반복되는 실패는 대부분 단순한 정보 부족이 아니라, 자신에 대한 이해 부족에서 비롯된다.

단기간에 큰 수익을 기대하고 있는지, 감정에 휘둘려 거래하고 있는지, 투자한 기업에 대해 충분히 알고 있는지, 전문가의 말에 의존하고 있는지 자문해 보자. 그리고 지금까지 진지하게 공부해 본 적이 있었는지도 돌아봐야 한다.

하지만 여기서 멈추지 말고, 더 깊이 자신을 들여다봐야 한다. 나는 어떤 투자 성향을 지녔는가? 무엇을 목표로 삼고 있으며, 인내심은 충분한가? 혹시 불안, 욕심, 조바심 같은 감정에 따라 충동적으로 매수하거나 매도하지는 않는가? 나는 어떤 정보를 신뢰하며, 어떤 기준으로 의사결정을 내리고 있는가?

이런 질문을 하지 않은 채 투자를 계속한다면, 아무리 경력이 쌓여도 1년짜리 경험을 수십 번 반복하는 것에 불과할 수 있다. 방향이 잘못된 상태에서는 아무리 속도를 높여도, 원하는 목적지에 도달할 수 없다. 자신을 객관적으로 들여다보는 일 없이, 더 나은 투자자가 될 수는 없다.

자기 진단은 투자에만 국한된 것이 아니다. 건강, 돈, 인간관계처럼 우리의 삶을 흔드는 근본적인 문제들에 대해서도 자기 진단과 성찰이 필요하다. 그 시간이야말로 우리를 수많은 문제에서 벗어나 더 나은 삶으로 나아가게 해줄 것이다.

우리는 모두 통제할 수 없는 환경 속에서 살아간다. 시장의 흐름이나 외부 변화는 내가 좌우할 수 없다. 예측도 불가능하다. 하지만 어떠한 상황 속에서도 나의 태도나 감정, 반응은 노력에 따라 어느 정도 관리가 가능하다. 우리가 집중해야 할 것은 내가 통제할 수 있는 영역들이다.

같은 행동을 반복하면서 다른 결과를 기대하는 것은 굉장히 어리석은 일이다. 열심히 살아왔어도 결과가 만족스럽지 않다면, 자신을 돌아보고 방향을 재설정해야 한다. 성과를 내기 위해서는, 이전과는 다른 선택과 행동이 필요하다. 투자에서든 인생에서든 문제의 실체가 외부가 아닌 내 안에 있고, 해결책 역시 내 안에 있었음을 받아들일 때 변화는 시작된다.

투자 성과가 기대에 미치지 못한다고 해서 시장을 원망하거나 누군가를 탓하는 것은 감정적 해소일 뿐, 아무런 해결책도 되지 않는다.

실패를 다른 이의 탓으로 돌리거나, 지나간 선택을 후회하는 건 아무런 도움이 되지 않는다.

자기 문제를 직면한다는 것은 단지 감정이나 습관을 돌아보는 데 그치지 않는다. 때로는 너무 당연하다고 여겨온 생각이나 판단 기준부터 다시 의심해봐야 한다.

지금까지의 결과가 만족스럽지 않았다면, 이제는 익숙한 프레임에서 벗어나 보다 냉정하게 스스로를 평가해야 한다.

미국 지수가 비교대상인 이유

많은 사람들은 '한국인이니까 한국 주식에 투자하는 게 자연스럽다'고 생각한다. 하지만 익숙함이 오히려 판단을 흐리고, 장기적으로 불리한 선택을 반복하게 만들 수도 있다. 지금도 한국 시장은 충분히 경쟁력 있는 투자처인가? 한번쯤은 물어봐야 한다.

코스피 투자는 장기 투자가 불리하다.

다음은 최근 20년(2005년~2024년) 동안 미국과 한국 주요 주가지수의 연평균 성장률을 정리한 표다.

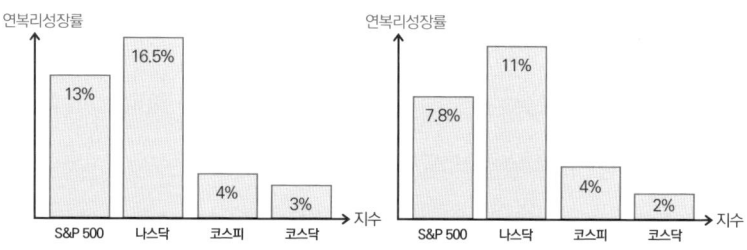

최근 10년간 주요 지수 CAGR (2015–2024)   최근 20년간 주요 지수 CAGR (2005–2024)

다음은 1천만 원을 20년간 투자했을 때
지수별 수익 비교(CAGR):

S&P500 (연 7.8%) → 4,500만 원 (4.5배)
나스닥 (연 11.0%) → 8,000만 원 (8배)
코스피 (연 4%) → 2,200만 원 (2.2배)
코스닥 (연 2%) → 1,500만 원 (1.5배)

20년 전에 미국에 투자한 사람과 한국에 투자한 사람은 자산에 엄청난 차이를 보인다. 미국 증시는 오랜 기간 더 강력한 성장을 보여주었으며, 특히 기술주 중심의 나스닥 지수가 가장 높은 연평균 수익률을 기록했다. 한국 시장은 상대적으로 저조한 성과를 보였으며, 특히 코스닥 시장은 20년간 크게 성장하지 못한 것으로 보인다. 연평균 10%의 수익률은 단순히 높은 수치가 아니라, 장기적으로 엄청난 복리 효과를 만들어낸다. 그저 S&P500이나 나스닥 지수에만 꾸준히 투자했더라도, 상당한 자산 성장을 이룰 수 있었던 셈이다.

이제는 어떤 시장이 장기적으로 더 신뢰할 수 있는 투자처였는지 냉정하게 평가해볼 필요가 있다.

홈 바이어스(home bias)에 빠지지 말자

투자는 기업이 성장하는 데 필요한 자금을 제공하고, 그 대가로 기업의 이익을 함께 나누는 과정이다. 기업은 외부 자금이 필요할 때, 주식을 일반 대중에게 공개적으로 판매하는데, 이를 주식 상장(IPO)이라 한다. 투자자는 이렇게 주식을 매수함으로써 기업의 일부 소유권을 갖게 된다. 기업이 이 자금을 활용해 사업을 성장시키면, 그 성과는 투자자의 수익으로 이어지게 된다. 기업이 투자자에게 이익을 돌려주는 방식은 크게 두 가지다. 하나는 기업 가치가 높아지면서 주가가 상승하고, 이를 통해 시세 차익을 얻는 것이며, 다른 하나는 이익의 일부를 배당으로 지급받는 것이다. 회사의 성장은 주가 상승이나 배당의 형태로 투자자에게 돌아온다.

그러나 일부 기업은 자금만 조달한 뒤 주주 가치를 외면하고 경영에만 집중하면서 주가나 배당을 소홀히 하기도 한다. 이런 태도는 투자자의 이탈을 불러오고, 결과적으로 기업의 가치가 저평가된다. 이러한 주주 비우호적 문화는 한국 시장 전반의 저평가 현상, 이른바 '코리아 디스카운트'로 이어지고 있다. 하지만 대한민국 시장의 저평가 이유는 그것만은 아니다.

물론 주주 가치를 중시하지 않는 정부 정책이나 기업 문화도 원인이지만, 대한민국은 전 세계 GDP의 약 1.7%, 2조 달러(1.7조~1.8조 달러)가 채 안되는 비교적 작은 시장이다. GDP는 나라의 경제 규모를 나타내는 지표로, 쉽게 말하면 기업의 매출처럼 이해할 수 있다. 비슷한 경제 규모를 가진 나라로는 호주, 멕시코, 스페인, 인도네시아 등이 있다. 자금이 있다고 해도, 이들 국가에 적극적으로 투자하고자 하는 투자자는 많지 않을 것이다.

가장 큰 시장은 미국이다. 세계 총 GDP가 약 110조 달러인 가운데, 미국은 약 30조 달러, 즉 27%를 차지한다. 주식 시장의 규모는 이보다 훨씬 크다. 미국은 전 세계 주식 시가총액 약 120조 달러 중 50조 달러, 40%가 넘는다. 다시 언급하겠지만, 세상의 돈이 미국 주식으로 몰리는 이유는 주주의 이익을 중시하는 제도와 정책도 잘 마련되어 있고, 애플, 마이크로소프트, 구글, 테슬라 같은 빅테크 기업들이 세계 시장에서 압도적인 경쟁력을 보여주고 있기 때문이다.

반면, 대한민국은 경제 규모뿐 아니라, 주식 시장의 비중 또한 크지 않다. 코스피와 코스닥을 합쳐도 약 1.7조 달러(약 2,300조 원) 수준으로, 전 세계 시가총액의 1.4%에 불과하다. 투자 대상으로 보면 분명 작은 시장이다.

이러한 시장 구조의 차이는 자금 흐름에도 그대로 반영된다

2021년 6월, 한국 주식시장이 최고점을 찍었을 때 전체 시가총액은 약 2.4조 달러였다. 같은 시기, 미국은 52조 달러 정도였다. 이후 한국 시장은 조정을 거치며 지금은 약 1.7조 달러 이전 수준으로 돌아왔다. 시장 자금 30%가 빠르게 사라진 것이다. 하지만 미국은 여전히 50조 달러 안팎을 유지하고 있다. 한국은 잠깐 반짝했지만 다시 내려왔고, 미국은 조정이 오지만 또 빠르게 회복한다. 최고의 기업과 자유로운 시장을 믿고 자금이 계속 들어가지만 한국은 그렇지 않다. 당시 강세장에 올라타 고점에 매수한 개인들은, 이후 외국인과 기관의 자금이 빠져나가며 하락의 고통을 고스란히 체감했다.

결국, 돈이 모이는 곳에 투자해야 한다. 투자에서 가장 기본적인 원칙은 수요와 공급이다. 자금이 몰리는 시장은 가격이 오르고, 기업들이 성장할 수 있는 기회도 함께 커진다.

과거의 데이터를 보면, 미국 주식에 장기적으로 투자하기만 해도 높은 수익을 거둘 수 있었다. 그러나 실제 시장에서는 그 원칙을 꾸준히 지켜내는 사람은 많지 않다. 연 10% 수익률에 만족하며 기다리는 투자자는 드물다. 대부분은 더 빠른 수익, 더 큰 성과를 원하며 점점 단기 매매로 눈을 돌리게 된다.

02 시장에는 극소수의 승자만 존재한다

천재 투기꾼 리버모어

대부분의 투자자는 단기 성과를 추구한다. 이러한 태도는 흔히 투자 실패의 원인 중 하나인 '근시안적 본능'에서 비롯된다. 이 표현은 가까운 곳만 잘 보이고 먼 곳은 흐릿하게 보이는 시력 상태인 '근시(nearsightedness)'에서 유래했다. 즉, 멀리 내다보지 못하고 눈앞의 이익에만 집착하는 태도를 의미한다. 이 본능에 따라 많은 투자자들은 며칠이나 몇 주 안에 수익을 실현하려는 경향이 강하며, 단기적인 결과를 중시한다. 이에 집착할수록 거래에 익숙해지고, 자연스럽게 트레이딩 중심의 투자를 선호하게 된다.

트레이딩은 시장의 변동성을 활용하여 단기적인 차익을 실현하는 투자 방식이다. 주가가 매수한 가격보다 오르면 매도하고, 떨어지면 다시 매수하고, 조금 오르면 또다시 매도하는 방식이다. 단순하고 쉬워 보여 대부분의 개인투자자들이 이렇게 투자하지만, 정말 성과를 내려면 고도의 전문성과 높은 위험을 수반하는 전략이다. 성공적인 트레이더는 극히 소수에 불과하다.

제시 리버모어는 역사상 가장 위대한 트레이더 중 한 명으로 알려져 있다. 1877년에 태어난 그는 초등학교 졸업 무렵부터 증권사에서 주식 시세판을 적는 일을 하며 주식시장과 처음 인연을 맺었다. 불과 14세에 직접 투자를 시작한 그는, 대담한 투자 방식으로 '몰빵 꼬마 투기꾼(Boy Plunger)'이라는 별명을 얻었고, 어린 시절부터 큰돈을 벌기 시작했다. 20대에 수십만 달러를 벌었고, 서른 무렵에는 현재 가치로 약 1억 달러에 이르는 자산을 축적했다. 이후 1929년 대공황 당시, 주가 하락에 베팅하는 공매도를 통해 하루 만에 현재 가치로 약 30억 달러에 이르는 막대한 수익을 올리며, 그는 단숨에 세상에서 가장 부유한 사람 중 한 명이 되기도 했다.

그러나 그는 철저히 투기적인 방식으로 투자했기에, 전 재산을 잃은 경험도 여러 차례 있었다. 그의 자서전 『어느 투자자의 회상』에 따르면, 하루아침에 25만 달러를 벌기도 했지만, 한순간에 수십만 달러를 날리기도 했고, 단 2년 동안 세 차례 파산하기도 했으며, 수백만 달러를 벌고도 면화 투자 실패로 같은 액수를 날리기도 했다. 특히 1911년부터 1914년까지, 30대 중반이던 4년 동안은 가진 것을 모두 잃은 채 단 한 푼의 수익도 내지 못하는 시간을 보내기도 했다. 그 기간에 100만 달러가 넘는 빚을 지기도 했고, 투자 기회를 놓쳐 오랜 시간 회복하지 못한 때도 있었다. 30대에 엄청난 부를 이뤘지만, 이후 몇 년간은 빈털터리로 살아야 했다.

리버모어가 이처럼 극단적인 투자를 반복할 수 있었던 이유는, 그는 본능적인 투자 감각이 있었기 때문이다. 그는 어린 시절 증권사에서 시세판을 정리하며 시장의 흐름을 몸으로 익혔고, 경험과 직감, 타고난 감각을 바탕으로 투자했다. 대량 거래를 해야 시장의 본질이 보인다고 믿었던 그는 일반 투자자들이 감히 따라갈 수 없는 방식으로 승부했다. 대부분의 사람들은 투자 금액이 커질수록 불안감을 느끼지만, 리버모어는 오히려 충분한 자금이 있어야 제대로 된 판단을 할 수 있는 투자자였다.

그는 용기 있는 결단력을 가지고 있었고, 모든 것을 잃어도 다시 일어설 수 있다는 강한 자기 확신이 있었다. 그는 몰빵 투기꾼이자, 타고난 감각과 경험으로 투자하는 천재적인 트레이더였다.

1929년 대공황을 예측하고 공매도를 통해 막대한 이익을 얻은 그는 '월스트리트의 큰 곰'이라는 별명을 얻기도 했지만, 이후 그는 점점 더 큰 금액을 투자했고, 1933년 주식시장에서 모든 것을 잃었다. 그리고 몇 해 뒤, 비극적으로 스스로 생을 마감했다. 그의 삶은 극적인 성공과 몰락을 오갔고, 역사상 가장 전설적인 투기꾼 중 한 명으로 기억된다.

월가의 천재들, 그러나 누구나 될 수는 없다

어느 분야에나 특별한 재능을 가진 천재들은 존재한다. 리버모어 같은 투자자들은 시장에서의 경험과 천재적 감각과 직관에 의지해 투자한다면, 이러한 감보다 숫자와 기록된 자료를 바탕으로 투자 판단을 내리는 투자자들이 있다. 이들은 과거에 특정한 조건일 때, 주가가 어떻게 움직였는가를 수천, 수만 번 분석해 그 패턴을 숫자와 공식으로 계산해 투자하는 천재들이다. 짐 시몬스 같은 인물도 그렇다. 그는 메달리온 펀드를 1988년부터 2018년까지 약 30년간 운용하면서, 무려 연평균 66%라는 상상하기 어려운 수익률을 기록했다. 이 성과는 단순한 직감이나 경험이 아니라, 철저히 수학적이고 데이터 기반의 접근 덕분이었다.

시몬스는 하버드와 MIT에서 수학을 가르쳤고, 미국 국가안보국에서는 암호 해독 업무를 맡았던 천재 수학자였다. 그는 동료 수학자들과 함께 수학적 모델과 방대한 데이터를 바탕으로 투자 전략을 세웠고, 경제학자들의 해석이나 보고서에는 귀를 기울이지 않는다. 오로지 숫자와 통계, 수학적 추론만을 기반으로 시장을 바라보는 것이다. 그의 전략은 철저하게 분석적이며, 인간의 감정과 해석을 배제하는 방식으로 구성되어 있었다.

비슷한 방식으로 투자한 사례로는 롱텀 캐피털 매니지먼트(LTCM)가 있다. 이 투자회사는 1994년에 설립되었고, 공동 창립자 중 로버트 머튼과 마이런 숄스는 1997년에 노벨 경제학상을 수상한 이력이 있을 만큼 화려한 배경을 갖고 있었다. LTCM 역시 수학적이고 통계적인 모델을 사용해 초기 3년 동안 연평균 30~40%에 이르는 높은 수익률을 기록하며 화제를 모았다.

실제로 연평균 수십 퍼센트의 수익률을 오랜 기간 기록한 투자자들도 분명 존재한다. 숫자와 데이터를 중시하는 천재들뿐 아니라, 제시 리버모어, 윌리엄 오닐, 래리 윌리엄스처럼 차트와 시장 흐름을 직관적으로 읽어내는 '감각적인 트레이더'들도 있다. 이들은 탁월한 시장 감각으로 흐름을 예측하고 타이밍을 정확히 맞춰, 큰 성공을 거둔 전설적인 인물들이다. 투자 천재들은 저마다의 방식으로 시장을 해석하고 대응했으며, 막대한 수익을 만들어냈다.

하지만 이들의 전략은 일반인이 쉽게 흉내 낼 수 없으며, 누구나 따라 할 수 있는 것도 아니다. 탁월한 수학적 두뇌나, 시장의 리듬을 감지하는 비상한 감각이 없다면 쉽게 모방할 수 없는 방식이다. 데이터와 수학으로 승부하든, 타고난 직관으로 움직이든 이들의 공통점은 매우 드문 천재들이었다는 사실이다. 자신에게 그런 재능이 있다고 확신한다면 이들의 길을 따를 수도 있을 것이다. 하지만, 굉장히 어려운 전략임은 분명하다. 그리고 중요한 사실은, 이러한 투기적 접근에는 늘 파국의 가능성이 존재한다는 것이다. 제시 리버모어는 1933년 모든 자산을 잃었고, 1998년에는 LTCM이 러시아의 외환 위기라는 블랙스완 앞에서 무너졌다. LTCM은 과도한 레버리지를 감당하지 못한 채 결국 파산하고 말았다. 아무리 정교한 수학 모델이라 하더라도, 예측할 수 없는 외부 변수 앞에서는 무력할 수밖에 없다. 천재들이 만든 시스템도 블랙스완 앞에서는 속수무책이었다. 예측할 수 없는 사건은 언제든 발생한다. 단기간에 50%, 100%의 수익을 경험한 일반 투자자들도 종종 존재한다. 그러나 그런 수익은 꾸준히 이어지기 어렵다. 물론 그 성과를 10번만 반복하면 어마어마한 부자가 될 수 있을 것이다. 하지만 그런 행운이 여러 번 반복될 가능성은 극히 희박하다. 우리 대부분은 짐 시몬스 같은 수학 천재도, 제시 리버모어 같은 감각적 재능을 타고나지도 않았다.

당신이 쉽게 10% 수익을 낼 수 있다면

찰리 멍거는 한 인터뷰에서 이렇게 말했다.

"만약 어떤 사람이 TV에 나와 '연간 300% 수익을 올릴 수 있는 방법을 알려주는 책'을 판다고 주장한다면, 과연 그 사람이 실제로 그런 수익을 내고 있을지 의문이 들 수밖에 없다." 정말 그런 수익을 달성할 수 있는 사람이라면, 책을 팔러 다닐 이유가 없다. 투자 세계에서 연 300% 수익을 장기적으로 거둔다는 것은 사실상 불가능한 목표에 가깝다. 이 수익률을 달성하려면 매달 10%씩 손실 없이 1년 내내 수익을 반복해야 한다. 이는 "복권 당첨 확률이 99%"라고 주장하는 것만큼이나 비현실적인 이야기다.

주식시장은 하루에도 수십 퍼센트씩 오르내리는 극단적인 변동성을 보인다. 특히 레버리지 ETF나 단기 급등 종목을 접하다 보면,

몇 퍼센트 수익쯤은 아주 평범하게 느껴지기 쉽다. 주가가 횡보하거나 1~2% 오르는 데에는 무덤덤하면서도, 하루아침에 커다란 수익을 내는 종목을 보면 '나도 조금만 노력하면 큰돈을 벌 수 있지 않을까?' 착각하게 된다.

변동성이 큰 주식을 저가에 사서 고점에 매도하겠다는 전략은 그럴듯해 보이지만, 실제로는 꾸준히 성공하기 어렵다. 많은 사람들이 눈앞의 신기루를 쫓는다. 이는 분석해 보면 말도 안 되는 이야기지만, 반복적으로 접하면 그럴듯하게 느껴진다. 결국 도박과 다를 바 없는 위험한 착각이다.

예를 들어보자. 두 배(+100%) 수익을 열 번만 반복하면 자산은 1,000배(정확히는 1,024배)가 된다. 1억 원으로 2배 수익을 10번 내게 되면 자산은 대략 1,000억 원이 되고, 여기서 다섯 번만 더 반복하면 3조 원을 넘게 된다. 만약 연 3배(+200%) 수익이 매년 가능하다면, 단 10년 만에 1억 원이 5조 9천억 원이 되는 셈이다. 단기간에 3배 수익을 내는 사람이 정말 존재한다면, 책 광고보다는 수익 자체가 그 사람을 증명해줄 것이다. 계산해 보면 확인하기가 쉽다. 하지만 현실에서 이런 사례는 단 하나도 없다.

워런 버핏처럼 수십 년간 복리의 힘을 활용한 투자의 대가조차 연평균 수익률은 20% 남짓이었다. 주식 투자로 자산을 두 배, 세 배, 열 배로 쉽게 불릴 수 있다고 말하는 사람들은 마치 쇠를 가지고 금방 금으로 바꿀 수 있다고 주장하는 연금술사와 다르지 않다.

그런 수익이 정말 가능하다고 믿는 사람은 복리에 대한 이해가 없거나, 아니면 다른 목적을 가지고 사람들을 속이려는 의도가 있다고 봐야 한다.

　수십 퍼센트의 수익을 누구나 쉽게 낼 수 있는 것처럼 말하는 이들이 많다. 유튜브나 책, 강의를 통해 과장된 꿈을 팔며 초보 투자자들을 유인하는 행위는 매우 위험하며, 반드시 경계해야 한다. 문제는 이러한 주장들이 반복적으로 노출되다 보면, 거짓말도 점점 진실처럼 들린다는 점이다. 사람들에게 어떤 내용을 믿게 만드는 가장 효과적인 방법 중 하나는 그 말을 반복해서 들려주는 것이다. 이 현상을 '반복 노출 효과(mere exposure effect)'라고 한다. 사람들은 어떤 주장을 반복해서 접할수록 그 내용을 더 친숙하게 느끼고, 결국 진실로 받아들이기 쉽다. 반복 노출 효과는 가짜 뉴스에서도 예외가 아니다. 정치인이나 기업들은 이 원리를 통해 사람들의 인식과 태도를 점진적으로 바꿔나간다.

연 3배(+200%) 수익의 비현실적인 성장

1,000,000 원	3,000,000 원	59,000,000,000 원
초기 투자금	**1년 후**	**10년 후**

투자에서 비현실적인 기대는 위험하다. 일정한 수익을 내는 것만큼이나 손실을 피하는 것이 어렵다. 높은 수익률을 낼수록 리스크도 커지며, 시장이 예상대로 움직이지 않으면 큰 손실이 발생한다. 또한 자금 규모가 커질수록 동일한 방식으로 투자하기 어려워진다. 소수의 천재들에게 가능한 수십%의 수익률은 당신을 유혹하는 광고일 뿐이다. "일주일에 10%" 혹은 "한 달에 10%" 같은 고정된 수익률을 지속적으로 유지한다는 것은 비현실적인 기대이며, 이러한 방식의 투자를 맹신하는 것은 매우 위험하다.

비현실적 낙관주의의 함정

주식을 거래하는 방법을 아는 것과 투자로 성과를 내는 것은 서로 완전히 다른 이야기다. 주식을 매수하거나 매도하는 것은 어렵지 않다. 버튼 몇 번 누르면 큰돈으로 거래도 가능하다. 거래 화면에는 상한가를 기록한 종목들이 줄지어 보이고, 예전에 매수를 고민했던 종목이 눈에 띄면 '돈 버는 게 이렇게 쉬운 건가?' 싶은 생각이 든다. 지난번처럼 종목을 잘 고르고, 조금 더 용기를 내어 매수만 하면 가능해 보인다. 몇 번 시도해 보니 생각보다 어렵지도 않다. 대출을 조금 받아서 투자 금액을 늘리면 수익도 훨씬 커질 것 같다. 금방 가난을 벗어나고, 요즘 사람들이 말하는 '경제적 자유'도 곧 이룰 수 있을 것 같은 착각이 스며든다.

투자자들은 자신은 다르다고 생각한다. 성공할 것으로 기대하고 때로는 투자금을 높이기도 한다. 증권사가 많은 수익을 내는 이유도, 복권 사업이 성공하는 이유도 수많은 사람들이 자신을 과도하게 낙관적으로 평가하기 때문이다.

사람들은 자신이 다른 사람들보다 뛰어나고, 자신에게 나쁜 일보단 좋은 일이 일어날 것이란 비현실적 낙관주의를 가지고 있다. 사람들이 자신의 능력을 과대평가하는 경향을 보여주는 조사는 여러 연구에서 이루어졌다. 대부분의 운전자는 자신의 운전 실력이 평균 이상이라고 생각하며, 교수의 90% 이상은 자신이 일반 교수들보다 뛰어나다고 생각한다. 학생들도 마찬가지다. 한 연구에 의하면 5% 미만의 학생만이 자신의 성적이 하위 50%라고 생각하며, 50% 이상은 자신이 상위 20%에 속한다고 생각한다는 것이다. 한 학급에 50명의 학생이 있다면 실제 상위 20%에 속하는 학생은 10명뿐인데도 말이다. 대부분의 사람들이 자신의 능력을 과대평가하고 있음을 보여준다.

이러한 '평균 이상' 효과는 우리 주변 곳곳에서 나타난다. 동성연애자들은 자신이 에이즈에 걸릴 확률을 낮게 평가하고, 흡연자들은 다른 비흡연자들에 비해 질병에 걸릴 확률이 낮다고 믿는다. 실리콘밸리의 스타트업 성공률은 일반적으로 10~20% 정도로 추정된다. 창업해서 성공하는 경우가 그리 많지 않다. 하지만 대부분의 창업자들은 자신이 성공할 것이라고 믿는다. 사람들은 자신을 평균 이상으로 평가하고, 위험을 과소평가한다. 성공은 어렵다. 모든 성공의 이면에는 수없이 반복된 훈련과 흘린 땀, 견뎌낸 고통이 있다. 비난과 자책, 두려움과 절망을 견디고 나서야, 비로소 그 자리에 설 수 있다. 세상에 쉬운 성공이란 존재하지 않는다. 윌리엄 오닐이나 제시 리버모어처럼 트레이딩으로 수익을 내려면, 수십 년의 실패와 훈련, 그리고 타고난 감각까지 갖춰야 한다.

자신이 '평균 이상'이라 생각하면 자신감이 높아지고 목표달성에 유익할 수 있다. 자신감은 도전 의식을 자극하고, 어려움을 극복할 수 있는 심리적 힘이 된다. 자신에 대한 신뢰와 믿음은 생각과 말, 행동을 바꾸며 목표를 이루는 에너지로 작용한다. 도전을 시도하려면 자신감이 먼저 필요하다. 처음엔 작은 시도라도, 시행착오와 실패를 거쳐 작은 성공으로 이어지고, 이는 다시 더 큰 성공의 발판이 된다. 실패할 수도 있다. 하지만 감당할 수 있는 손실을 전제로 도전하면, 더 큰 실패를 피하고 성장할 수 있는 기회가 된다.

하지만 자신의 능력을 과대평가해 지나친 자신감에 빠지면, 잘못된 판단을 하게 되고 감당할 수 없는 위험에 노출될 수 있다. 리스크를 수용하는 것은 도박을 하는 것과 다르다. 많은 사람들은 자신에게 유리한 정보만 받아들이고, 불리하거나 부정적인 정보는 외면하는 경향이 있다. 자신을 냉정하게 판단하지 못하는 투자자는 주식으로 수익을 내기 어렵다.

투자시장에는 전문 투기꾼들의 자리 잡고 있다. 자기 이익을 위해 움직이는 시장 시스템의 희생양이 되기 쉽다. 사람들은 쉽게 현혹되고 자신을 평균 이상이라고 생각한다. 비현실적으로 낙관적인 태도를 보인다. 하지만 세상에 공짜 점심은 없다(There is no such thing as a free lunch)." 아무도 안 건드린 돈이 멀쩡히 테이블 위에 놓여 있을 리가 없다.(No cash on the table)."

시장의 냉혹한 현실

주식 투자는 뇌의 '보상시스템'을 활성화해 중독에 취약하다. 시장의 급격한 변동은 도파민을 분비시키고 마음을 흔들어 단기적 수익에 집중하게 만든다. 하지만 시장은 예측하기 어렵고 수익을 내기 힘들다. 무자비하고 무작위적이다. 전 세계 자금이 몰려드는 이곳은, 오랜 경험을 지닌 전문 투기꾼들과 최첨단 기술로 무장한 트레이더들이 맞붙는 전쟁터다. 이들은 수익을 내기 위해 수단과 방법을 가리지 않는다. 투기꾼들은 약세장에 공매도로 시장을 부수어 버리거나 강세장에 큰돈으로 매수해 기름을 붓는다. 시장을 이기는 것은 극소수의 몫이다.

그럼에도 단기간에 10배, 20배의 수익을 올렸다는 이야기가 들리곤 한다. 상한가를 치는 종목이 뉴스에 언급되고, 누구든 앱을 켜기만 하면 그 주식을 살 수 있으니, 큰돈을 버는 것도 어렵지 않아 보인다. 하지만 남의 일은 쉬워 보이기 마련이다. 반에서 1등 하는 것도, 시장에서 창업으로 성공하는 것도 다른 사람의 이야기를 들으면 쉬워 보이지만 실제는 그렇지 않다. 주식시장은 개인이 어설픈 전략으로 운 좋게 돈을 버는 곳이 아니라, 거대한 자본과 고도화된 전략이 맞붙는 전장이다. 우리의 본능적 편향을 인식하지 못한 채 시장에 뛰어든다면, 결국 자신이 누구와 싸우고 있었는지도 모른 채, 조용히 시장에서 사라진다.

길을 아는 것과 길을 걷는 것은 다르다

단기 트레이딩은 오랜 시간 경험을 쌓고 공부하고 시도해도 감각적으로 타고나지 않으면 성공하기 매우 어렵다. 순발력도 뛰어나야 하고, 조심성이 있어야 하며, 때론 아주 과감하게 결정할 수 있어야 한다. 빠르고 직관적인 선택은 본능적이고 깊이 생각하지 않은 선택이다. 따라서 느리고 신중한 선택이 합리적인 결과로 이어질 때가 많다. 그러나 그 분야에서 오랜 시간을 보낸 이들은, 상황에 직면하는 순간 쌓아온 경험을 바탕으로 빠르면서도 정확한 결정을 내릴 확률이 높다. 트레이딩에서는 이러한 빠르고 직관적인 선택이 연속적으로 이어지며, 실수 하나가 치명적인 손실로 이어지기도 한다. 단기 트레이딩으로 돈을 벌었다는 사람을 찾아보기 어려운 이유는 그만큼 숙련된 사람들이 적기 때문이다.

투자자마다 감내해야 하는 변동 폭도 다르다. 어떤 이는 수십만 원의 변동을 견디지만, 어떤 이는 수억 원의 변화를 감수해야 한다. 예를 들어, 100만 원을 투자한 사람이 30% 하락하면 30만 원을 잃지만, 10억 원을 투자한 경우 손실 규모는 3억 원에 달한다. 같은 주식에 투자했더라도 투자금의 크기에 따라 심리적 압박이 달라진다. 투자 금액이 클수록 불안감도 커진다. 트레이딩 전문가 남석관 씨는 일반인들은 웬만하면 단기 트레이딩을 하지 않는 것이 좋다고 조언한다. 그는 21년 경력과 실전 투자 대회 5회 이상 수상 경력을 가진 대한민국 최고의 트레이딩 전문가지만 여전히 단기 트레이딩이 가장 어렵고 부담스럽다고 말한다. 수백억 원대 자산가인 남석관 씨도 시장 상황에 따라 트레이딩 규모를 조절한다. 시장이 좋을 때는 5억 원, 좋지 않을 때는 1억 원 정도만 운용하며, 이 돈조차도 내 돈이 아니라는 마음가짐으로 투자한다. 즉, 언제든 손실을 볼 수 있는 자금으로만 트레이딩하고, 나머지 대부분의 자산은 중·장기적으로 안전한 투자처에 배분하는 것이다. 자금 규모가 커지면 리스크 부담이 커지기 때문에 제한된 금액으로만 트레이딩을 진행한다.

    이론과 현실에는 커다란 차이가 존재한다. 하루 종일 투자 이론을 설명할 수 있는 전문가가 아는 것과, 실제로 자신의 큰 자금을 시장에 넣고 경험하며 배우는 것은 다르다. 주가는 변동성이 커서, 단기간에 20~30% 이상 급락하는 일도 드물지 않다. 짧은 기간에 재산을 두 배로 불릴 수도 있지만, 반대로 절반을 잃을 수도 있다. 트레이딩은 이러한 급격한 변화에 특히 취약해 작은 실수 하나가

치명적인 결과로 이어질 수 있다.

"길을 아는 것과 길을 걷는 것은 다르다."《매트릭스》에서 모피어스가 네오에게 하는 이 말은 단순히 아는 것과 실제로 행동하고 체험함으로써 얻는 깨달음은 전혀 다르다는 것을 일깨워주는 말이다. 특히 주식시장은 '걷지 않은 자'를 쉽게 드러낸다.

인간은 감정에 지배당한다

기업 인센티브 " How can we get more people to eat more, more often?

켈로그는 콘플레이크가 더 바삭한 소리를 내도록 제조 공법을 개발해 특허를 획득했다. 코카콜라는 병뚜껑을 여는 '톡' 소리를 연구해 신선한 느낌을 주고, 병의 디자인과 무게감을 조정해 손에 쥘 때 만족감을 높였다. 킷캣 등 초콜릿 브랜드는 제품이 입안에서 부드럽게 녹도록 질감, 부서지는 방식, 녹는 온도를 조절하며 최적의 맛과 식감을 구현하는 데 집중하고 있다. 기업들은 혁신적인 기술 발전을 통해 소비자들의 불편함을 해소하고 삶을 더 편리하게 만든다.

우리가 매일 사용하는 페이스북과 유튜브 같은 서비스는, 사용자에게 다양한 정보를 전달하는 동시에, 가상 공간에서 자신을 드러내고 소통할 수 있는 기회도 제공한다. 기업들이 만드는 많은 제품은 매력적이고 편리하며, 소비자들의 삶을 더욱 윤택하게 만들어 준다.

그러나 거대 기업들은 인간의 뇌가 자극적인 보상에 민감하게 반응한다는 사실을 잘 알고 있다. 기업들은 사용자가 더 오래 서비스에 머물도록 맞춤형 콘텐츠 추천, 좋아요, 댓글, 알림 기능 같은 심리적 장치를 설계한다. 소비자들이 제품을 더 자주, 더 많이 소비하도록 유도하는 것이다. 머무는 시간이 길어질수록 광고 수익이 증가하고, 상품 판매 기회도 늘어나기 때문이다. 코카콜라의 전 임원인 토드 퍼트넘은 한 강연에서 자사 마케팅 전략을 설명하며 "어떻게 하면 더 많은 사람들이, 더 자주, 더 많이 먹도록 할 수 있을까?"라고 말했다. 기업들은 맞춤형 광고, 사용자 환경 설계 등을 활용해 소비자들의 반복 사용을 유도하고, 이를 통해 매출을 극대화한다.

우리가 이용하는 증권사 플랫폼도 예외는 아니다. 투자자의 수익을 돕는 것이 목적일까? 물론 증권사는 투자자에게 편리한 투자 환경을 제공한다. 손쉽게 거래하고 투자하도록 돕는다. 하지만 본질적으로는 영리기업이다. 투자자들이 주식을 사고파는 과정에서 발생하는 매매 수수료, 환전 수수료, 이자 수익을 통해 매출을 올린다. 버튼 몇 번만 누르면 보유한 주식을 담보로 대출을 받을 수 있고, 해외 투자를 위해 달러로 환전할 수 있다. 이때 부과되는 각종 수수료와 신용융자(대출) 이자 수익이 증권사의 주요 매출원이다.

증권사는 보유 주식 평가 차익으로도 수익을 내지만, 가장 안정적인 수익원은 거래가 활성화될 때 발생하는 수수료 수익이다.

증권사가 주기적으로 트레이딩 대회를 개최하는 이유도 투자자들의 거래를 더욱 활성화하기 위해서다. 이러한 대회는 몇 주에서 2-3개월의 단기 거래 성과를 기준으로, 가장 높은 수익을 낸 투자자에게 상금을 지급한다. 증권사는 손해 볼 일이 없다. 대회 참가자들의 거래 수수료만으로도 상금을 지급하고도 충분한 이익을 남기기 때문이다. 증권사는 투자자들이 주식을 더 자주 더 큰 금액을 사고팔수록 더 많은 돈을 번다.

기업들은 고객 만족을 최우선으로 상품과 서비스를 제공한다. 그들은 소비자의 마음을 연구하고, 인간의 뇌가 어떻게 작동하는지 공부한다. 그리고 어떻게 소비자들에게 원하는 제품을 만들어 판매할 수 있을지 고민한다. 우리가 왜 그렇게 많은 상품들을 매력적으로 느끼고, 사고 싶어 하며, 사용하고 싶어 하는지를 이해할 수 있다. 휴대폰에 있는 모든 온라인앱은 사용이 편리하고 매력적이라 반복적으로 사용하게 된다. 증권사 플랫폼도 마찬가지다.

편리한 거래 환경은 사용자의 접근성을 높이지만, 편리함은 오히려 투자자의 수익을 낮추는 결과를 낳는다.

증권사의 수익은 더 많은 거래와 더 많은 대출에서 나온다. '변호사는 분쟁이 생겨야 돈을 벌고, 의사는 친구라도 건강하지 않아야 한다. 기업들은 사람들이 과소비해야 번성하며, 군인들은 평화를 원하지 않는다.'는 말이 있다. 다소 과장된 말이지만, 현실의 한 단면을 잘 보여주는 말이기도 하다. 대부분의 사람들은 자신의 이익에 반하는 행동을 하지 않는다.

상대의 인센티브를 파악하면, 그들이 왜 특정한 말과 행동을 하는지 쉽게 이해할 수 있다. 인센티브란 보상이나 혜택을 의미하며, 이는 개인이나 기업의 행동을 결정짓는 중요한 요소다. 증권사가 어떤 방식으로 운영되고, 주요 수익원이 무엇인지 알게 되면, 그들이 제공하는 플랫폼의 편리함이 마냥 반갑지만은 않다. 인센티브는 강력하며, 사람들의 동기와 행동을 이끌어낸다. 그리고 상대방과 나의 이해관계가 다르면, 그 사람이 하는 말이나 행동을 온전히 믿기 어렵다. 상대의 인센티브를 정확히 파악하는 것이 중요하다.

증권사 앱의 중독성

안타깝게도 이러한 매력적인 상품은 자주, 많이 사용할수록 그 부작용 역시 커진다. 중독성이 강하며, 장시간 사용하면 불안과 우울증을 유발할 수 있다. 우리는 스마트폰을 손에서 놓지 못하며, 사용하지 않을 땐 불안함을 느낀다. 인스타그램이나 유튜브 같은 플랫폼과 앱들은 너무나 매력적이어서 쉽게 빠져든다. 마치 자극적인 과자에 손이 가고 충동적인 소비를 멈추기 어려운 것처럼, 도파민을 자극하는 상품들은 우리 주변에 가득하다. 도파민은 쾌락을 기대하게 하는 물질이다.

특정 서비스나 활동에 대한 의존도가 높아질수록 반복적인 소비가 이어지고, 결국 더 강한 자극을 갈망하는 악순환에 빠진다. 정부는 규제를 통해 이러한 부작용을 줄이려 하지만, 규제가 심하면 기업 활동이 위축되고, 경쟁에서 뒤처질 위험이 있다. 어디까지 개입해야 할지는 판단하기 어려운 문제다. 기업의 입장에서 가장 중요한 목표는 매출 성장과 이윤 창출이다. 소비자의 신체적, 정신적 건강보다 기업의 이익을 우선시할 가능성이 높다.

심리학자 피터 밀너(Peter Milner)와 제임스 올즈(James Olds)는 쥐의 뇌에 있는 쾌락 중추에 전기 자극을 가하는 실험을 했다. 쥐는 버튼을 누르면 강한 쾌감을 느낄 수 있다는 걸 학습한 뒤, 먹이도 거부한 채 수천 번씩 버튼을 눌렀다. 자극은 반복될수록 익숙해졌고, 점점 더 큰 보상을 원하게 되었다.

이는 인간의 도파민 보상 시스템과 매우 유사하다. 보상 시스템의 작동 방식은 주식 투자에서도 동일하게 나타난다. 스마트폰의 발달은 투자 접근성을 높였지만, 동시에 도파민과 관련된 위험성도 증가시켰다.

우리의 뇌는 무언가를 성취할 때, 즐거울 때 보상 호르몬인 도파민을 분비한다. SNS 알림이나 메시지를 확인할 때마다 새로운 정보와 연결된 느낌을 받으며 도파민이 분비되는데, 이 보상 시스템은 쉽게 만족하지 못하고 점점 더 큰 자극을 원하게 된다. 투자자들은 실시간으로 시세를 확인하고, 짧은 시간 안에 수익을 확인할 때 도파민 분비가 급증한다. 또한, 우리의 뇌는 확실한 보상보다 불확실한 보상을 받을 때 더 강하게 반응한다. 슬롯머신이나 경마처럼 결과를 예측하기 어려운 도박에 사람들이 열광하는 이유도 여기에 있다. 주식 시장 역시 단기적으로는 예측이 불가능하며, 다양한 요인에 의해 변동성이 지속된다. 예상치 못한 수익을 거두었을 때 투자자들은 더욱 강한 쾌감을 느끼며, 이러한 경험은 단기적인 투자를 유도한다.

가격이 오르면 쾌락을 느끼지만, 이러한 보상이 지속되지 않으면 불안과 좌절이 커진다. 특히 투자 시장은 개인의 의지대로 움직이지 않으며, 아무리 노력해도 통제할 수 없는 영역이다. 차트를 100시간씩 본다고 해서 시장이 원하는 대로 움직이는 것은 아니다.

상승할 때는 만족감을 느끼지만, 하락할 때는 그보다 훨씬 더 큰 고통을 경험한다. 나를 포함한 수 많은 투자자들이 이러한 감정을 반복적으로 경험한다. 행동경제학의 연구에 따르면, 사람은 같은 금액의 이익보다 손실에 두 배 이상 더 민감하게 반응한다고 한다. 앞으로도 여러 번 다루겠지만, 주식 투자에서 손실을 어떻게 받아들이느냐는 성공의 중요한 변수다. 손실에 감정적으로 반응하면 시장의 흔들림에 쉽게 휘둘리고, 이는 잘못된 의사결정으로 이어진다.

우리는 1,000달러를 얻었을 때의 기쁨보다 1,000달러를 잃었을 때의 고통이 두 배 이상 더 크게 느낀다. 특히 더 큰 보상을 기대하는 사람일수록 손실의 고통은 극대화된다. 수익은 반복되면 익숙해져 더 이상 보상으로 인식되지 않지만, 손실은 훨씬 더 강하게 경험된다.

많은 투자자들이 '전 고점'을 본전으로 여기며 손실을 견디지 못하고 무리한 전략을 시도하거나, 비현실적인 수익을 약속하는 말에 쉽게 흔들린다. 결국 투자에 대한 집착은 강박적인 행동으로 이어지고, 매일을 불안과 고통 속에서 보내게 만든다. 실시간 시세를 확인하며 손쉽게 매매할 수 있는 환경은 '조금만 더 하면 큰 수익을 낼 수 있다'는 착각을 심어주고, 더 큰 도박성 투자를 부추긴다.

도박은 몇 번의 행운을 줄 수는 있어도, 결국 파멸로 향한다. 중독은 언제나 문제를 일으키며, 재정이나 건강, 인간관계에 부정적인 영향을 미친다. 지금 당장은 괜찮아 보일지 몰라도, 장기적으로는 반드시 문제가 발생한다. 도파민이 자극하는 쾌락 회로는 중독을 유발하며, 주식 투자를 도박처럼 하면 큰돈을 벌기는커녕 인생을 망칠 위험이 크다. "돈은 바닷물과 같다. 마시면 마실수록 갈증만 더 커진다"는 쇼펜하우어의 말이 있다. 빠르게 변동하는 주식시장은 마치 도박판처럼 투자자들을 중독시키며, 결국 불행한 결과를 초래할 수 있다.

거래를 자주 하면

많은 투자자들은 손실과 중독의 고통에서 벗어나기 위해 조급하게 수익을 내고자 한다. 하지만 짧은 시간 안에 성과를 내려는 조급함은, 원칙을 무시한 충동적 매매와 과도한 레버리지 사용으로 이어지기 쉽다.

모바일 앱을 통해 언제든 쉽게 매수·매도가 가능한 환경은 판단을 흐리고, 오히려 즉흥적이고 위험한 결정을 부추긴다. 저렴한 가격에 매수해서 고가에 매도하면 수익을 날 것 같지만 무작위적인 시장에서 지속적으로 샀다팔았다하는 전략은 성공하기 어렵다. 이런 잦은 거래는 크게 손실을 키우고, 그 과정에서 발생하는 수수료 또한 또 다른 손실로 이어진다.

거래를 반복하면 세금과 수수료 부담을 늘고 낮은 수익률로 이어진다. 매번 거래에서 매도 금액의 0.15%를 거래세로 내야 하고, 매수/매도 시 일반적으로 각각 0.015%의 정도의 수수료가 부과된다. 따라서 한 번 거래할 때마다 총 0.18%이상의 비용이 발생할 수 있다는 것이다. 예를 들어, 100만 원을 거래할 때는 1,800원이 들지만, 1억 원을 거래하면 한 번에 18만 원이 넘게 든다.

국내 증권사 플랫폼에서 미국 주식을 거래할 경우, 거래세는 없지만, 매수·매도 시 각각 약 0.15% 안팎의 수수료와 더불어 환전수수료까지 추가돼 한 번 거래할 때 평균 0.5% 이상의 비용이 발생한다. 이는 1억 원 거래 시 50만 원 수준으로, 국내 주식보다 비용

부담이 훨씬 크다.

만약 국내주식을 일주일에 한 번씩 매수·매도를 반복한다면, 1년 동안 약 10%의 원금이 거래 비용으로 빠져나간다. 즉, 100만 원으로 매주 한 번씩 1년간 거래하면 약 10만 원의 수수료가 발생하고, 1억 원으로 동일한 거래를 반복할 경우 연간 수수료는 약 1000만 원에 이른다. 물론 잦은 거래가 반드시 손실로 이어지는 것은 아니지만, 손실 구간에서 매도하고 비싼 종목을 매수하는 행동이 반복된다면 주식 투자로 수익을 내기 어려워진다.

복리 효과는 수익뿐만 아니라 손실에도 작용한다. 만약 수익 없이 매주 거래를 반복하면, 단순 거래 비용만으로도 6년 후 원금이 절반 이하로 줄어들 게 된다. 예를 들어, 1억 원을 투자해 10년 동안 꾸준히 10%의 수익을 내면 약 2억 6천만 원이 되지만, 반대로 10%씩 꾸준히 손실이 나면 10년 후에는 3,500만 원만 남게 된다. 미국 주식은 0.5% 거래비용이 발생해 한국주식처럼 매주 거래하면 거래비용만으로 2-3년 만에 자산이 반토막이 사라진다. 결국, 거래를 자주 하고 매일 가격을 확인한다고 해서 수익이 나는 것은 아니다. 인내하며 기다리고, 적절한 시점에 매도할 줄 아는 지혜가 필요하다.

어디선가 본 글이다.

"얘들아, 돈 모으려면 게임하지 마라. 온라인 게임은 지능순이다. 현질(현금 결제) 안 하면 된다고? 서울대 출신들만 모여서 네 지갑 열려고 하루에 5시간씩 회의 중이다." 증권사는 어떻게 하면 거래를 늘려 수수료 수익을 극대화할지 연구하고, 투자자들이 더 편리하게 주식을 담보로 대출을 받을 수 있도록 고민한다. 고객이 보다 쉽고 편리하게 거래하고, 대출을 이용할 수 있도록 지속적으로 회의하며 전략을 세운다.

증권사는 신용거래 이자, 자산 관리 서비스 등 다양한 방식으로도 수익을 창출한다. 다만, 매매 수수료는 여전히 증권사의 주요 수익원 중 하나다. 투자자들이 자주 거래할수록 증권사는 더 많은 수익을 얻는 구조이다. 하지만 단기 거래로 수익을 내는 사람은 거의 존재하지 않는다. 수익이 난다 해도 하루 종일 차트를 보며 긴장하는 시간이 행복하다 할 수는 없다. 행복하려면 하루 일과 중 주어진 시간에 만족스러워야 한다.

우리는 감정적으로 결정한다

우리는 하루에도 수십 가지 선택을 한다. 하지만 그중 합리적이고 이성적인 선택은 드물다. 대부분은 감정적이고 비이성적인 경우가 더 많다. 순간적인 감정에 휩쓸려 행동하고, 얼마 지나지 않아 후회하거나 미안해하는 경우가 적지 않다. 많은 사람이 담배를 끊고 싶어 하지만 쉽게 끊지 못하고, 피곤함을 느끼면서도 늦은 밤까지 스마트폰을 내려놓지 못한다. 다이어트를 결심하지만, 규칙적인 운동은커녕 야식의 유혹을 뿌리치지 못한다. 우리는 돈을 많이 벌어도 그보다 더 소비하면 경제적 어려움에서 벗어날 수 없다는 사실을 알고 있다. 이기적이고 감정적인 태도가 관계를 해친다는 것도 모르는 게 아니다. 그러나 여전히 충동적으로 소비하고, 감정적으로 행동하며, 자기중심적인 태도에서 벗어나지 못한다. 우리는 '알면서도' 건강, 재정, 관계에 해로운 행동을 반복한다. 이렇게 스스로에게 해로운 선택을 하고 나면, 우리는 두 가지 중 하나를 택한다. 후회하거나, 정당화하거나.

인생을 잘 사는 비결도 그렇지만 투자의 성공 원칙 또한 그리 복잡하지 않다. 오히려 너무 단순해서, 많은 사람이 전설적인 투자자들의 조언을 시대에 뒤처진 낡은 교훈으로 치부해 버린다. 하지만 그들의 지혜는 오늘날 시장에서도 그대로 적용되는 원칙들이다. 사람들의 심리는 과거에도, 지금도 비슷하게 움직인다. 단지 행동으로 옮기는 것이 쉽지 않을 뿐이다.

"탁월한 리더가 있고 미래를 바꿀 훌륭한 회사를, 저렴해졌을 때 사서, 가치가 수렴될 때까지 기다려라." "시장 변동성에 익숙해져라." "탐욕과 공포에 휘둘리지 말고 인내하라."

좋은 회사를 싸게 사서 오래 들고 가라. 흔들리지 말고 기다리라는 말이다.

이 원칙들은 복잡해 보이지 않는다. 그러나 대부분의 투자자들은 시장 변동성에 휘둘리고 감정적으로 대응한다. 시장이 하락하면 두려움에 매도하고, 상승하면 뒤늦게 뛰어들어 고수들의 희생양이 된다. 똑똑하고 자기 일에 능숙한 사람도 예외가 아니다. 천재 물리학자 아이작 뉴턴조차도 투자에서 실패를 겪었다. 그는 남해회사 투자 열풍에 휩쓸려 큰돈을 투자했지만, 거품이 꺼지며 재산의 3분의 2를 날렸다. 이후 그는 이렇게 말했다.

"나는 천체의 운동은 계산할 수 있지만, 인간의 광기는 도저히 계산할 수 없다."

투자는 일반적인 일 처리 능력과는 다른 무언가가 필요하다. 무작위적이고 변동이 심한 시장에서 자신의 재산 절반을 걸고도 '감정에 휘둘리지 말고 인내하라'는 원칙을 지키는 것은 결코 쉽지 않다. 의사결정은 하루에도 수십 번 이루어지며, 감정과 본능이 결정적인 영향을 미친다. 특히 시장이 요동칠 때, 이러한 감정적 요인은 더욱 강하게 작용한다.

빠른 결정, 느린 결정

우리는 왜 이렇게 감정적이고 본능적으로 의사결정을 내릴까? 우리는 자신의 행동을 이해하거나 설명하는 데 서투르다. 어떤 행동을 하고 나서도 왜 그랬는지 명확히 설명하기 어려울 때가 많다. 그저 후회하거나 행동을 합리화하려고 할 뿐이다. 인간의 마음, 의식, 자유의지와 같은 개념은 주관적이며 추상적이다. 이는 물질적 실체가 없기 때문에 객관적으로 측정하기 어렵다. 그러나 우리는 빠르지만 감정적이고 직관적으로 의사결정을 내리는 경우도 있고, 상황에 따라 느리지만 분석적이고 논리적으로 판단하는 경우도 있다는 것을 안다.

행동경제학의 아버지인 대니얼 카너먼(Daniel Kahneman)은 인간의 의사결정 시스템을 두 가지로 나누어 설명한다. 전통적인 경제학은 인간이 언제나 이성적으로, 자기 이익을 극대화하는 방향으로 판단한다고 보았다. 하지만 카너먼은 사람들이 감정에 영향을 받아 비합리적인 선택을 할 수 있다고 주장했다. 그는 이러한 심리적 메커니즘을 '시스템 1'과 '시스템 2'로 설명한다.

카너먼이 제시한 시스템 1은 빠르지만 부정확할 수 있는 사고방식을 의미하고, 시스템 2는 수학 문제를 풀 때처럼 느리지만 보다 정확한 사고방식을 뜻한다.

시스템 1은 인간의 빠르고 자동적인 사고 방식이다. 이는 반복된 경험과 학습을 통해 형성된 직관과 감정에 의존하며, 생존에 필요한 본능적 반응에서 비롯된다. 에너지 소모가 적어, 일상적인 판단이나 습관적인 행동에 주로 사용된다. 그러나 이러한 신속한 판단은 때때로 정확성이 떨어지거나, 고정관념과 편견에 영향을 받기 쉽다.

반면 시스템 2는 느리고 의식적인 사고 체계다. 복잡한 문제를 해결하거나 새로운 정보를 분석할 때 작동하며, 많은 노력과 집중을 요구한다. 논리적이고 분석적인 접근을 통해 보다 신중하고 정확한 판단을 가능하게 하지만, 에너지 소모가 크고 쉽게 피로해진다는 한계도 있다.

카너먼은 우리가 대부분의 시간 동안 시스템 1에 의존하여 살아가지만, 중요한 결정을 내릴 때는 시스템 2를 활용해야 더욱 합리적인 선택을 할 수 있다고 설명한다. 그는 간단한 문제를 통해 시스템 1(직관)의 정확성이 떨어질 수 있다는 점을 보여준다.

야구방망이와 공 세트가 1달러 10센트다. 방망이는 공보다 1달러 더 비싸다. 공은 얼마일까?

이 문제를 보면 **즉각적으로 떠오르는 답은 '10센트'**일 것이다. 하지만 만약 야구공이 10센트라면, 방망이는 공보다 1달러 비싸야 하므로 1달러 10센트가 되고, 총합이 1달러 20센트가 되어버린다. 즉, 10센트라고 답하는 것은 '빠르고 직관적인' 시스템 1의 작용이며, 정확한 답(5센트)을 구하려면 '느리고 분석적인' 시스템 2를 사용해야 한다.

많은 사람이 이 문제를 틀리는 이유는 시스템 1에 의존하여 직관적으로 판단하기 때문이다. 어림짐작은 일상생활에서 빠르게 판단을 내리는 데 유용하지만, 정확성이 필요한 상황에서는 오류를 발생시킬 수 있다.

집으로 걸어가는 발걸음이나 별생각 없이 코미디를 보면서 웃는 행동은 시스템 1이 작동하는 대표적인 예다. 마찬가지로, 58×42를 어림잡아 2400이라고 계산하는 것도 시스템 1을 활용한 것이다.

우리는 주식 투자에서도 빠르고 직관적인 사고방식인 시스템 1에 많이 의존한다. 매수한 주식이 하락하면 고통을 느끼고 서둘러 매도하거나, 겨우 참아 내다 본전이 되었을 때 매도하고 시장을 빠져나오는 것은 본능적 반응에 가깝다. 사람들은 손실을 피하려는 본능이 강하며, 같은 금액이라도 이익을 얻었을 때보다 손실을 봤을 때 더 큰 감정적 영향을 받는다. 시장이 하락하면 두려움이 사람들의 마음을 지배한다. 보유한 주식에 손실이 나면 고통을 피하려는 마음에 서둘러 매도하고, 그로 인해 때로는 가장 좋은 매수 시기일 수 있는 기회를 놓치기도 한다.

주가는 짧은 시간에도 가파르게 상승하거나 하락한다. 많은 이들이 빠르게 시스템 1에 의존해 빠르게 반응한다. 가격이 상승하면 매수해 수익에 참여하려 하거나, 하락하면 매도해 손실을 피하려 한다. 하지만 대부분의 결정은 본능적이고 감정적인 반응이 대부분이다. 수익을 내는 이들은 가능한 감정을 배제하고 합리적인 의사결정을 하려 노력한다. 모든 투자는 자산이 저렴할 때 사서 비쌀 때 매도하는 것이다. 합리적인 의사결정은 탐욕과 두려움에 기반한 결정이 아니다.

그런데 감정이 우선이다

최근 뇌영상 기술, 특히 fMRI의 발전으로 뇌의 구조와 기능에 대한 이해가 깊어지면서, 인간의 사고와 의사결정에는 감정과 본능이 크게 작용한다는 사실이 과학적으로 밝혀지고 있다. 우리는 항상 자신의 이익을 극대화하기 위해 논리적으로만 생각하고 행동하는 것이 아니라, 감정이나 습관에 따라 행동할 때도 많다. 이는 인간이 자신의 이익에 따라 합리적인 의사결정을 내린다고 가정하는 기존 경제학의 관점과 달리, 감정에 의해 비합리적인 선택을 할 수 있다고 보는 행동경제학의 견해를 뒷받침한다.

물론 뇌는 우리의 생각, 감정, 기억 등의 활동을 관리하는 중심 기관으로 매우 복잡하여 그 안에서 일어나는 모든 변화를 정확히 파악하기는 어렵다. 하지만 뇌의 기능을 살펴보면 우리가 왜 이렇게 감정적이고 비합리적으로 행동하는지 어느 정도 설명이 가능하다.

뇌과학에 따르면 뇌는 기능적으로 뇌간, 변연계, 대뇌피질로 나누어지고, 각 영역은 그 기능에 따라 우리의 선택과 행동에 영향을 준다.

뇌의 가장 안쪽에는 척추와 연결된 '뇌간(brainstem)이라는 곳이 있는데, 이곳은 호흡, 심장박동, 혈압, 체온조절, 소화기능과 같은 생존에 가장 필요한 역할을 담당한다. 의식에 지배받지 않고 스스로 움직이며 우리 몸을 살아있게 하는 역할을 하는 것이다. 매번 숨 쉬고 심장이 뛰도록 의식적으로 명령을 내리고, 입안에 들어간 음식의 소화를 위해 위와 장이 움직이도록 지시해야 한다면 엄청난 에너지가 소모되겠지만, 작은 실수도 생존에 위협이 될 수 있을 것이다. 뇌간은 자동적으로 생존에 필요한 필수적인 기능들에 명령을 내리고 생명을 유지하도록 돕는다.

뇌간이 인간의 몸을 유지하고 살리는 기능을 한다면, 그 위에는 변연계라는 영역이 자리 잡고 있다. 이곳은 인간의 감정과 기억을 담당하며, 이곳에서 일어나는 활동들이 우리 의사결정에 커다란 영향을 미치게 된다. 보통 우리는 인간이 합리적이고 논리적이라 생각하는데, 사실 그렇지 못한 경우가 많다. 인간은 생각보다 비합리적이고 감정적이다.

특히 뇌과학에 따라 변연계 안의 '쾌락 중추'와 '편도체'를 살펴보면, 우리는 '탐욕'과 공포심' 같은 본능적인 감정에 휘둘리고 의사결정에 영향을 받는다. 쾌락 중추는 긍정적인 보상에 대한 기대감을 높여 탐욕을 유발하고, 편도체는 위험에 대한 공포심을 조성하여 회피 행동을 유도한다. 우리는 자주 감정에 이끌려 비합리적인 선택을 하며 인간이 생각보다 감정적인 존재임을 확인시켜 준다.

'탐욕(욕심)'과 '두려움'은 인간의 가장 강력한 감정이다. 인간은 고통을 피하고 쾌락을 추구한다. 탐욕과 공포, 욕망과 두려움과 같은 우리 마음이 인류를 이끌어 가며 대단한 성취를 이루게도 하지만, 같은 마음이 우리를 패망에 이르게도 만든다. 많은 재물을 모으거나 사업적 성취를 이룬 이들 중에도 결국에는 마음속의 탐욕과 두려움을 관리하지 못해 자신과 타인의 삶을 망쳐놓는 경우를 보게 된다.

투자영역에서도 마찬가지다. '탐욕'과 '두려움'라는 감정은 참여자들을 흔들어 놓는 가장 커다란 걸림돌이며 투자 실패의 원인이기도 하다. 뇌과학에서는 이러한 감정을 변연계에서 일어나는 '보상을 추구하는 시스템'과 '두려움을 피하려는 시스템'으로 설명하며, 이들 시스템이 우리의 의사결정에 결정적인 역할을 한다고 설명한다.

탐욕 "보상시스템"

탐욕을 자극하는 쾌락 중추의 '보상시스템'은 도파민이라는 신경전달물질을 연료로 삼아 작동하며, 이 물질이 분비되면 인간은 쾌감을 느끼게 된다. 도파민은 우리가 실제 즐거움을 경험할 때와 즐거움을 기대할 때 분비되며, 동기를 부여해 특정 행동을 반복하게 한다. 우리는 맛있는 음식을 먹을 때 즐겁지만 먹기 전에도 기대감에 행복하다. 여행을 가기 전부터 설렘에 잔뜩 부풀어 오르고, 목요일부터 주말을 생각하며 기분이 좋아진다. 우리는 원하는 성과를 기대하며 최선을 다해 노력한다. 살을 빼고 근육을 만들기 위해 운동을 하고, 좋은 성적을 위해 열심히 공부한다. 뇌과학자들에 따르면, 인간은 즐거움 자체에 반응할 뿐 아니라 즐거움에 대한 기대감에 반응하고 행동한다고 설명한다. 우리가 건강을 위해 운동하고, 미래를 위해 공부하며, 재정 관리를 하는 것은 미래의 보상을 위한 건강한 반응이라 할 수 있다.

욕망은 인간을 움직이는 원동력이며, 목표를 세우고 앞으로 나아가게 한다. 하지만 보상에 대한 과도한 집착은 건강한 삶을 해칠 수 있다. 욕망은 원래 통제가 어렵다. 더군다나 현대 사회의 술, 담배나 스마트폰, 도박, 쇼핑과 같이 즉각적으로 보상을 주는 과도한 도파민 분비 상품들이 너무나 많다. 즉각적인 보상을 주는 상품들은 중독을 유발해 삶을 파괴한다. 잠깐의 즐거움을 위한 선택은 때론 우리에게 위안을 줄 수 있지만, 지나친 쾌락 추구는 삶에 공허함을 남기고 의미를 잃게 만들 수 있다.

두려움 "도망시스템"

변연계는 우리의 감정을 조절하는 뇌의 중심부다. 그 안에는 편도체라는 위험감지 장치가 있다. 이곳은 우리가 위협을 느끼면 신호를 보내 자신의 몸과 마음을 위험에 대비하게 한다. 우리가 눈과 귀로 얻게 된 정보로 두려움을 느끼고 편도체에서 신호를 보내면 신장 위에 붙은 부신에서 스트레스 호르몬인 코르티솔이 분비된다. 코르티솔은 스트레스 호르몬이다. 이 물질이 나오면 몸이 긴장한다. 심장이 빠르게 뛰고 호흡이 가빠지며, 신체의 모든 힘을 '도망가거나 싸울 수' 있도록 준비시킨다. 위험에서 벗어나겠다는 하나의 목적을 위해 신체의 모든 에너지가 사용된다. 야수와 다른 민족의 위협이 컸던 수렵 채집인 시절이나 전쟁터에서, 깡패를 만났을 때처럼 생명이나 안전에 직접적인 위협을 느끼는 상황에서는 이런 '싸우거나 도망'가는 반응이 반드시 필요하다. 짧은 시간 안에 모든 에너지를 모아 위험에서 벗어나도록 신체가 준비되기 때문이다.

예컨대, 상사에게 몇 차례 지적을 받은 경험이 쌓이면 그 상사가 마치 호랑이처럼 위협적으로 느껴지고, 그 앞에서는 평소와 달리 위축되곤 한다.

하지만 도시생활과 사무직 환경에서 현대인들이 경험하는 불쾌감은 실체가 없는 심리적인 불안감에 가깝다. 이러한 가상의 위협에 지나치게 반응하면 불필요한 스트레스를 유발하여 정신적, 신체적인 건강을 해칠 수 있다. 인간의 몸은 긴장 상태가 오래 지속되면 소화장애, 수면장애, 면역력 저하, 우울증 등의 부작용이 발생한다.

이런 심리적 과민 반응은 투자 상황에서도 유사하게 작동한다.

주가가 급락하면 뇌는 즉각적인 위험 회피 반응, 즉 도망시스템을 작동시켜 공포를 느낀다. 이때 편도체가 활성화되며, 몸은 긴장하고 시야는 좁아진다. 전체적인 상황을 조망하지 못하고, 새로운 정보를 받아들이는 데에도 어려움을 겪는다. 장기간 지속되는 하락장은 투자자들에게 감당하기 어려운 공포를 안겨준다. 자신이 모은 자산이 줄어드는 모습을 지켜보는 것만큼 고통스러운 경험도 없다. 내가 느끼는 감정이 나를 이끌어 간다. 그 선택이 합리적이지 않을지라도 고통에서 벗어나고 싶은 것은 우리의 본성이다.

합리적 자아

뇌를 기능적으로 나누면, 가장 아래에는 생존과 관련된 본능적 기능을 담당하는 뇌간이 있고, 그 위로 감정과 기억을 처리하는 변연계가 위치한다. 우리가 느끼는 강한 감정들, 예를 들어 탐욕이나 두려움 같은 감정은 이 변연계에서 비롯된다. 그리고 가장 바깥에는 대뇌피질, 그중에서도 이성과 언어, 판단을 담당하는 전전두엽이 자리 잡고 있다. 이 영역은 인간의 고등 사고를 가능하게 하며, 흔히 '호모 사피엔스의 뇌'라고 불린다. 이는 앞서 언급한 '시스템 2' 또는 '고차원적 자아'에 해당하는 영역으로, 수학 문제를 풀거나 중요한 결정을 내릴 때처럼 신중한 사고를 요구하는 순간에 작동한다. 속도는 느리지만 비교적 정확한 판단을 가능하게 해준다.

레이 달리오(Ray Dalio)는 그의 저서 『원칙(Principles)』에서 인간의 의사결정 과정을 '합리적인 자아'와 '감정적인 자아'로 나누어 설명하며, 비슷한 개념을 제시한다. 시스템 1은 빠르고 직관적이며 감정적이지만, 시스템 2는 논리적이고 분석적이다. 이성과 본능, 논리적 사고와 감정적 반응처럼 대립하는 개념이지만 서로 영향을 주고받는다. 한쪽은 빠르고 직관적이지만 감정적이고 본능적이다. 또 다른 한쪽은 느리지만 정확하고 분석적이다. 올바른 의사결정을 해야 하는 상황에서는 감정적이고 본능적인 반응에서 벗어나 더 적극적으로 시스템 2를 활용해야 한다.

그러나 감정이 지배한다

우리는 이성적으로 판단한다고 믿지만, 실제로는 감정이 결정을 지배하는 경우가 훨씬 많다. 감정은 빠르게 반응하고, 무의식은 판단을 기다려주지 않는다. 그래서 깊이 생각하지 않고 말하거나 행동할 때, 대부분은 이성과 논리보다 감정과 본능에 따라 움직인다.

예컨대, 친구들 앞에서 주식 수익을 자랑하거나 고가의 브랜드 제품을 사고 싶은 충동은 이성적 판단이라기보다 감정의 표현에 가깝다. 소비자들은 종종 "애플은 디자인이 세련돼서", "보안이 뛰어나서"라고 말하지만, 실제로는 브랜드가 주는 '멋져 보이고 싶은 감정'에 이끌리는 경우가 많다. 애플 컴퓨터는 같은 사양의 PC보다 평균 25% 이상 비싸고, 운영체제나 주변기기 호환도 제한적이다. 정말 이성적으로만 판단했다면, 다른 선택을 했을 가능성도 크다.

하지만 실제로는 감정이 먼저 작동한다. 뇌에서 감정과 본능을 담당하는 변연계가 먼저 결정을 내리고, 그 뒤에야 이성적 기능을 담당하는 대뇌피질이 그 결정을 정당화한다. 일부 연구에 따르면, 우리가 내리는 결정 중 대뇌피질이 관여하는 비중은 20~30%에 불과하며, 그마저도 감정의 영향을 받는 경우가 많다고 한다.

우리가 쓰는 말, 표정, 눈빛, 몸짓에도 감정은 깊이 스며 있다. 인간은 본능적으로 고통을 피하고 쾌락을 좇는다. 투자에서도 이런 본능이 그대로 드러난다. 사람들은 손실을 피하고 수익을 얻고자 하는 방향으로 자동적으로 움직이며, 감정에 휘둘릴수록 단기 수익에 더 집중하게 된다.

특히 탐욕과 두려움은 투자 행동을 강하게 흔든다. 두려움에 사로잡힌 투자자는 작은 손실에도 쉽게 흔들리고, 눈앞의 이익에만 집중한다. 하락장이 오면 겁이 나서 서둘러 매도하지만, 얼마 지나지 않아 시장은 다시 반등한다. 그제야 후회가 밀려오지만, 당시에는 "그땐 그게 최선이었어"라고 스스로를 위로한다. 상승장이 이어져도 여전히 불안해서 매수하지 못하고, 결국 모두가 낙관할 때쯤 다시 시장에 진입한다. 그러나 그 시점엔 이미 고점일 때가 많고, 다시 하락이 시작된다. 투자자는 또다시 후회하며 "원래 투자는 장기전이야"라고 자기합리화를 반복한다.

이처럼 감정을 담당하는 변연계는 빠르고 본능적인 결정을 내리고, 대뇌피질은 그 선택이 마치 이성적인 판단이었던 것처럼 해석한다. 우리는 하루에도 수없이 많은 결정을 하며 살아가지만, 그 대부분은 감정과 본능, 무의식에 의해 움직인다. 투자든 소비든 인간관계든, 우리가 내리는 선택은 생각보다 훨씬 더 감정적이다.

한편, 하락장에서 반대로 더 많이 투자하고 싶은 충동이 생기기도 한다. 이는 수익을 통해 쾌감을 얻으려는 보상 회로가 작동하기 때문이다. 탐욕과 두려움, 두 반응 모두 감정의 본능적 반응이다.

투자자는 자기 자신부터 분석해야 한다. 어떤 감정이 나를 움직일까?

건강한 투자자가 되기 위해서는 자신의 내면을 들여다보고 문제를 파악하는 것이 중요하다. 외부 문제는 예측하기 어렵고 통제할 수 없는 경우가 많지만, 투자 습관이나 감정 관리, 지식의 부족 등은 노력에 따라 충분히 개선할 수 있다. 만약 투자에서 손실을 보거나 기대만큼 수익을 내지 못하고 있다면, 나 자신부터 살펴보는 것이 좋다.

나는 투자를 할 준비가 된 사람인지 스스로에게 질문해 보아야 한다. 한스 게오르크 호이젤은 그의 책 『뇌, 욕망의 비밀을 풀다』에서 인간의 소비 심리를 분석하며, 이를 시장 마케팅에 어떻게 활용할 수 있는지를 제시했다. 그는 감정을 균형, 자극, 지배의 세 가지 유형으로 분류하고, 이를 통해 사람들이 소비하는 이유를 설명했다. 각 감정은 서로 다른 특성을 지니며, 사고방식과 태도에서도 뚜렷한 차이를 보인다. 감정은 우리의 소비 패턴뿐만 아니라 투자에서도 중요한 역할을 한다. 예를 들어, '공포'와 '탐욕' 같은 강한 감정이 시장의 흐름을 좌우한다면, 개별 투자자의 성향은 균형, 자극, 지배라는 감정 모델에 따라 달라질 수 있다. 물론 감정은 복잡하며 상황에 따라 다르게 표현되지만, 자신을 움직이는 핵심 감정을 이해하면 투자에서 더 나은 판단을 내리는 데 도움이 된다.

균형 감정이 강한 사람은 불안과 공포를 싫어하며 안정적인 삶을 추구한다. 신중하고 조심스러운 성격이므로, 예측 불가능한 상황이나 불안정한 상태를 기피하는 경향이 있다. 이들은 익숙한 브랜드를 선호하고, 유행보다는 실용성을 따지며 합리적인 소비를 원한다. 또한, 주변 사람들과의 관계를 중시하며 안정적인 직장을 선호한다. 정원 가꾸기, 독서, 요리와 같은 일상적인 활동을 즐기며, 변화를 꺼리고 예상 가능한 상황을 선호하는 특징이 있다.

이러한 성향을 가진 사람이 투자를 한다면 변동성이 큰 주식보다는 은행 적금, 채권, 부동산과 같은 '안전하다고 느껴지는' 자산을 선호할 가능성이 크다. 하지만 여기서 중요한 점은 '안전하게 느껴지는 것'과 '실제로 안전한 것'은 다를 수 있다는 사실이다. 예를 들어, 은행 적금은 겉보기엔 안정적인 투자로 보이지만, 물가 상승률을 고려하면 장기적으로는 손해를 볼 수도 있다. 지나치게 보수적인 태도는 오히려 기회를 놓치는 결과를 초래할 수 있다.

자극을 추구하는 사람은 예상치 못한 보상을 원하고, 지루함을 싫어한다. 이들은 새로운 자극을 통해 만족을 얻으며, 개성 있는 제품을 선호하고 자신을 돋보이게 하는 소비를 즐긴다. 하지만 즉흥적이고 충동적인 소비의 위험이 있다. 자극을 추구하는 감정이 강한 사람들은 다양한 사람들과 어울리기를 좋아하며, 여행이나 스포츠처럼 새로운 경험을 제공하는 활동을 선호한다. 이 감정의 연료는 도파민이다. 앞서 언급했듯이 도파민은 보상시스템을 자극해 동기를 부여하고, 우리가 어떤 일에 몰입하거나, 지속적으로 노력하게 만든다. 그러나 도파민은 술, 담배, 스마트폰, 도박, 음식, 약물, 쇼핑 등 다양한 중독을 유발할 위험도 있다. 이들이 주식거래를 한다면 기다림은 큰 도전이 될 것이다. 잦은 매매로 이어질 경우, 도파민 분비를 통해 투기성 거래나 투자 중독으로 발전할 가능성이 높다. 따라서 자극 성향이 강한 투자자는 단기 매매의 유혹을 조절하는 구체적인 전략이 필요하다.

지배 감정이 강한 사람은 목표 달성과 성공을 추구한다. 이들은 강한 추진력과 집중력을 보이며, 때때로 주변 상황을 고려하지 않고 몰두하는 경향이 있다. 이들은 어떤 상황에서도 주도권을 잃지 않으려 하며, 역사적으로 위대한 성취와 혁신을 이룬 지도자들 중에는 지배 감정이 강한 인물들이 많다. 이 감정의 연료는 남성 호르몬인 테스토스테론이다. 만약 인류가 모두 이성적이고 균형적인 감정만을 가졌다면, 아무도 사업을 시작하거나 탐험을 나서지 않았을 것이다. 지배 감정이 강한 사람들은 권력과 성공에 대한 욕구가 크고, 경쟁에서 승리하기를 원한다. 고급 브랜드나 한정판 제품과 같이 지위와 권위를 나타내는 상품을 선호하고, 자신이 강한 존재임을 증명하고 싶어 한다. 하지만 과도한 경쟁의식과 독단적인 태도는 소통을 방해하고 타인과의 갈등을 유발할 수 있다.

스티브 잡스는 카리스마와 탁월한 비전으로 애플을 세계적인 기업으로 성장시켰지만, 직원들에게 강한 압박감을 주고 인간관계에서 어려움을 겪기도 했다. 그는 1985년 자신이 세운 애플에서 해고되었지만, 이후 '넥스트'와 '픽사'를 설립하며 재기에 성공했다. 1996년 애플이 넥스트를 인수하면서 복귀했고, 결국 애플을 혁신적인 기업으로 다시 성장시켰다. 그는 제품에 대한 완벽주의적 태도를 가졌고, 직원들에게 높은 기대치를 요구했으며, 때로는 가차없는 비판과 질책을 서슴지 않았다. 강한 추진력과 비전은 큰 성과를 만들어낼 수 있지만, 주변인들에게 부담을 줄 수도 있다.

위험을 감수하지 않고 모험과 도전을 주저하는 사회는 발전이 더딜 수밖에 없다. 만약 모든 사람이 두려움을 피하고 안전한 선택만을 했다면, 지금과 같은 기술적 혁신과 경제적 발전은 불가능했을 것이다. 하지만 자극과 지배 감정이 강한 사람이 투자 시장에 뛰어들면, 과감하게 리스크를 감수하면서도 위험한 투자를 감행할 가능성이 높다. 이는 큰돈을 벌 수도 있지만, 반대로 엄청난 손실을 볼 수도 있는 양날의 검과 같다.

우리는 단순한 존재가 아니다. 사람의 감정 구조는 서로 상호작용하며, 특정 상황에서는 더 강하게, 또는 약하게 활성화된다. 예를 들어, 운전할 때는 균형 감정이 작용해 신중해질 수 있지만, 친구들과 어울릴 때는 자극 감정이 활성화될 수도 있다. 투자할 때는 지배 감정이 작용해 공격적인 태도를 보일 수도 있다. 특히 투자 시장은 예측 불가능한 요소가 많아, 감정적으로 대응할 경우 손실을 피하기 어렵다. 자신의 감정이 어떻게 투자 행동에 영향을 미치는지 이해하는 것은 실수를 줄이고 더 나은 결정을 내리는 데 필수적이다. 작은 실수는 배움이 될 수 있지만, 감정적으로 휘둘려 반복적인 실수를 하다 보면 결국 큰 실패로 이어진다. 회복 불가능한 실수는 반드시 피해야 한다. 스스로의 감정을 이해하고 조절할 수 있다면, 투자뿐만 아니라 인생 전반에서 더 나은 의사결정을 내릴 수 있을 것이다.

트레이딩은 도박일까 투자일까?

물론 장기 투자에도 감정이 개입되지만, 단기 트레이딩은 감정이 즉각적이고 반복적으로 개입되는 구조이기 때문에 장기 투자보다 훨씬 더 위험하다. 대부분의 사람들은 이러한 감정의 파도와 시장의 압박을 견디기 어렵다. 같은 주식이라도 투자금의 규모에 따라 심리적 부담은 전혀 다르게 다가온다. 금액이 커질수록 손실에 대한 두려움은 훨씬 더 커지고, 그에 따라 판단력도 흐려질 수 있다.

단기 매매 전략은 본질적으로 투기적 성향이 강하며, 철저한 손절 관리와 낮은 확률에 의존해야 하는 경우가 많다. 장기적으로 안정적인 수익을 기대하기 어렵다. 어렵게 모은 종잣돈을 고위험 자산에 투입하는 일은 결코 가벼운 결정이 아니다.

단기 변동을 활용해 수익을 내는 전략이 존재하긴 하지만, 그것은 결코 누구나 쉽게 성공할 수 있는 방식이 아니다. 주식 투자는 상당 부분 운에 좌우된다. 일부 천재적인 투자자를 제외하면, 오랜 기간 비정상적으로 높은 수익률을 유지하는 것은 사실상 불가능하다. 반에서 1등을 하는 것도 어려운 일인데, 시장에서 매수·매도 타이밍을 정확히 맞추는 일은 그보다 훨씬 어렵다. 고점에서 팔면 더 오르고, 저점에서 사면 더 떨어진다. 기회를 노리며 기다리지만, 다시 사려 할 땐 이미 주가가 올라 있다. 이는 일반 투자자가 감당하기에 매우 까다로운 영역이며, 마음만 먹는다고 해결되는 일이 아니다.

자신의 능력을 과대평가해서는 안 된다. 미래는 본래부터 불확실하며, 단기적인 시세 변동은 예측이 거의 불가능하다. 주가가 왜 오르고 내렸는지를 해석할 수 있는 것도 시간이 지난 뒤의 일이다. 그러나 사람들은 여전히 미래를 알고 싶어 한다. 전문가들이 단기 예측을 멈추지 않는 이유도 여기에 있다. 경제학자 케인스는 "예측을 잘하지 못한다면, 예측을 자주 하라."고 말했지만, 지나친 확신을 가지고 말하는 사람은 한 번쯤 의심해 볼 필요가 있다. 미래는 단 한 번도 확실했던 적이 없다.

전설적인 트레이더 제시 리버모어는 "대부분의 개인 투자자들은 월가에 돈을 갖다 바치는 사람들"이라고 말했다. 실제로 많은 투자자들이 시장에 돈을 바치고 있다.

만약 3년 이상 수익을 내지 못하고 있다면, 전략을 바꿔야 할 때다. 아인슈타인은 "같은 행동을 반복하면서 다른 결과를 기대하는 것은 미친 짓"이라고 했다.

어렵지만 투자를 포기할 수 없다. 통화량 증가에 방어할 대안도 필요하다. 그러나 투자란 조급함과 환상을 품은 채 덤벼들 일이 아니다. 투자는 성찰과 인내의 여정이다. 현실과 마주한 사람만이 시장에서 살아남을 수 있다.

복리의 마법, 시간이 만든 기적

기질과 복리의 힘

투자는 기업의 성장에 필요한 자금을 제공하고, 그 대가로 투자자는 기업의 이익을 나누는 것이다. 투자자가 얻는 이익은 크게 두 가지로, 배당금이나 주가 상승을 통해 돌려받게 된다. 배당금은 기업이 이익의 일부를 현금으로 나눠주는 것이고, 주가 상승은 투자자가 처음 산 가격보다 더 비싼 가격으로 주식을 팔 수 있게 되는 것을 말한다.

시장은 본래 변동성이 크며, 일정한 방향으로 나아가기보다는 상승과 하락을 반복한다. 이러한 움직임은 주식을 사고파는 투자자들의 심리와 행동에 의해 형성된다. 그러나 이처럼 반복되는 흐름 속에서 트레이딩으로 꾸준히 수익을 내는 일은 결코 쉽지 않다.

주식시장에서 성공하기 위해서 필요한 것은 굉장한 지식이나 기술이 아니다. 반도체를 설계하거나 자율주행 기술을 개발하기 위해서는 높은 수준의 전문지식이 필요하다. 하지만 투자는 조금 다르게 접근해야 한다. 주식시장은 사람들의 심리에 영향을 받으며, 운과 타이밍, 그리고 무엇보다 자신의 감정을 통제하는 능력이 크게 작용한다.

본능에 따라 움직이는 다수와 다르게 선택하고 행동할 수 있다면, 눈앞의 이익에 휘둘리지 않고 한 걸음 물러서서 의사결정을 내릴 수 있다면, 주식 시장은 충분히 도전해 볼만한 영역이다.

이처럼 투자는 기술보다 기질이 중요하고, 심리적 통제가 핵심이지만, 또 하나 간과해서는 안 될 중요한 원칙이 있다. 바로 '복리(compound interest)'라는 시간의 마법이다.

옛 인도에서 한 현자가 체스판의 각 칸에 쌀알을 두 배씩 올려놓는 방식으로 보상을 요청한 이야기가 있다. 처음엔 한 톨, 다음엔 두 톨, 그다음엔 네 톨... 이렇게 시작된 요청은 64번째 칸에 이르러서는 상상을 초월하는 양의 쌀알을 요구하게 되었다. 이는 기하급수적 증가, 즉 복리의 원리를 보여주는 고전적인 비유다.

복리는 단순한 덧셈이 아니라 곱셈의 세계다. 수익이 두 배가 되는 일을 열 번만 반복해도 원금은 1,000배 이상으로 불어난다. 제대로 이해하고 활용한다면, 복리는 부유한 노후를 준비할 수 있는 가장 강력한 현실적 도구가 된다.

반면, 도박은 몇 번의 큰돈을 안겨줄 수는 있어도 대부분은 끝이 좋지 않다. 복리는 조용하지만 강력한 힘을 가진다. 이자는 원금에 붙고, 그 이자에 또 이자가 붙는다. 시간이 지날수록 복리는 눈덩이처럼 불어나며, 인내한 사람에게만 그 위력을 보여준다.

그렇다면 얼마를 목표로, 어떤 속도로 자산을 불려 나가는 것이 현실적인 걸까? 시장은 상승만 하지 않는다. 장기적으로 우상향하더라도 중간에는 길고도 지루한 부침의 시간이 있다. 매달 평균 1.6%의 수익률을 꾸준히 유지하면, 연간 수익률은 약 20%에 달한다. 물론, 매달 1.6%의 수익을 매번 실현하려는 접근은 위험하다. 시장은 항상 일정한 수익을 보장하지 않으며, 손실이 길게 이어지는 구간도 충분히 존재한다.

연평균 20%는 극히 드문 성과다. 이 수익률을 20년간 유지하면 자산은 약 38배로 불어나고, 30년간 유지하면 무려 240배가 된다. 다시 말해, 1억 원으로 시작한 자산이 30년 뒤에는 240억 원에 이를 수 있다는 뜻이다. 이 정도 수익률을 오랜 기간 유지하는 것 자체가 이미 현실적인 투자 천재의 조건이다.

오랜 시간이 걸리고, 눈에 띄는 성과가 없더라도 포기하지 않고 수익률을 유지해 가는 일은 결코 쉽지 않다. 대부분의 사람들은 단기간의 눈부신 수익에 시선을 빼앗기지만, 실제 성과는 작은 성취를 꾸준히 반복할 때 이루어진다. 그것은 손실과 수익, 기쁨과 고통, 기대와 절망이 반복되는 과정을 견디는 힘이다. 거대한 목표만 바라보면 하루하루 쌓는 작은 성취가 하찮게 느껴지고 결국 포기하게 되는 경우도 많다.

버핏과 린치는 이러한 복리의 힘을 오랜 시간 실현한 대표적 인물이다. 피터 린치는 13년간 마젤란 펀드를 운용하며 연평균 29.2%의 수익률을 달성했고, 워런 버핏은 수십 년간 연평균 20% 수준의 수익률을 유지해 오고 있다.

그러나 자산이 커질수록 마음은 더 조심스러워지고, 감정의 그릇은 작아진다. 복리의 효과는 시간이 지날수록 기하급수적으로 커지지만, 그 시간 동안 마음을 다스리는 일은 결코 쉽지 않다. 상승과 하락을 견디는 힘은 쉽게 길러지지 않는다. 하지만 작은 수익률이라도 그것을 복리로 20년, 30년 이어갈 수 있다면 결과는 상상을 초월하게 된다.

씨드머니가 크면 복리는 빨라진다

투자는 계단식으로 일정하게 움직이는 것이 아니라, 변동성을 가지며 짧은 기간에 급격히 상승하거나 하락하는 특성이 있다. 그러나 시장에서 큰 수익을 내지 않더라도 복리로 수익을 낼 수 있다면, 시간이 지날수록 이자가 원금에 더해지며 수익이 점차 가속적으로 증가하는 현상이 나타난다.

전설적인 투자자들이 추구한 수익률은 언뜻 보기엔 그리 크지 않다. 처음에는 눈에 띄는 성과가 없어 보일 수도 있지만, 일정 시점이 지나면 수익이 급격히 증가하며 전체 수익 곡선은 J자 형태를 띠게 된다. 이는 마치 스타트업이 초기에 수익 없이 정체기를 거치다가, 제품이나 서비스가 상용화되고 확산되면서 매출이 급격히 증가하는 모습과 유사하다.

결국 복리로 꾸준하고 안정적인 수익을 쌓아갈 수 있다면, 장기적으로는 매우 큰 성과로 이어질 수 있다.

투자를 시작할 때 중요한 것은 무엇보다 먼저 종잣돈을 충분히 확보하는 일이다.

연간 15%의 수익률을 목표로 삼는 것은 매우 바람직한 투자 태도지만, 초기 투자금이 너무 적다면 복리의 효과를 실감하기까지 지나치게 오랜 시간이 걸릴 수 있다. 복리 수익이 노동으로 모을 수 있는 자산 규모를 초과할 수 있을 정도의 수준에서 시작하는 것이 훨씬 더 현명하다.

일반적으로 노동소득을 통해 5~10년 동안 모을 수 있는 자금 규모가, 같은 기간 동안 투자로 얻을 수 있는 수익보다 훨씬 클 가능성이 높다. 많은 투자 고수들이 "먼저 종잣돈을 모으라!"고 강조하는 이유도 여기에 있다.

예를 들어, 1천만 원을 연 20%의 수익률로 운용한다고 가정하면, 10년 뒤에는 약 6천만 원, 20년이 지나야 약 3억 8천만 원이 된다. 장기적으로는 분명 인상적인 수치지만, 초반 10년 동안의 성장은 더디게 느껴질 수 있다. 반면, 매달 100만 원씩 저축하면 10년 만에 1억 2천만 원을 모을 수 있고, 월 200만 원씩 저축하면 5년 만에 같은 금액을 달성할 수 있다. 이처럼 초기 단계에서는 복리 수익보다 노동소득을 활용한 저축이 훨씬 빠르고 현실적인 종잣돈 형성 수단이 될 수 있다.

자본이 적을 때는 투자 수익만으로 자산을 불리기 어렵고, 높은 수익률을 좇을수록 더 큰 리스크를 감수하게 된다. 이로 인해 단기 수익을 노리다 엉뚱한 전략을 선택하는 실수를 범하기도 한다. 예컨대 3천만 원을 연 15% 수익률로 5년간 운용해도 약 6천만 원이 되지만, 이는 매달 100만 원씩 5년간 저축했을 때와 비슷한 수준이다. 결국 투자 초기에는 노동소득을 활용해 자본을 축적하는 것이 가장 빠르고 안정적인 전략이다.

하지만 종잣돈이 일정 수준에 도달하면 상황은 달라진다. 예를 들어, 1억 원의 자본을 15% 수익률로 운용할 경우, 연간 수익은 1,500만 원에 달한다. 이는 매달 100만 원을 저축하는 것과 맞먹는 금액이며, 자산을 불리는 속도 또한 노동을 앞지르기 시작한다.

결론적으로, 투자에서 복리의 힘을 실현하기 위해서는 그 출발점이 되는 자본의 규모가 중요하다. 초기에는 노동소득을 활용해 자본을 빠르게 모으고, 일정 수준 이상이 쌓인 후에야 비로소 복리 투자가 위력을 발휘할 수 있다. 이러한 순서를 따를 때, 투자자는 장기적으로 더 안정적이고 강력한 자산 성장을 기대할 수 있다.

초기에는 노동소득 저축이 더 빠르게 증가
→ 10년 동안 매달 100만 원씩 저축하면 1억 2천만 원이 되지만, 1천만 원을 연 15% 복리로 투자하면 10년 뒤 4천만 원에 불과함.

장기적으로는 복리가 역전
→ 1억을 모아 연 15% 투자하면 연간 1,500만 원이 발생하여, 노동소득(월 100만 원 저축)을 초과하는 시점이 옴.

복리 수익표

연평균 7(7.2)% 복리 수익률: (10년마다 2배)

10년 후 : 투자금액이 두 배가 된다.

20년 후 : 투자금액이 4배가 된다.

30년 후 : 투자금액이 8배가 된다.

연평균 10% 복리 수익률: (7년마다 2배)

7년 후 : 투자금액이 2배가 된다.

10년 후 : 투자금액이 2.6배가 된다.

15년 후 : 투자금액이 4배가 된다.

20년 후 : 투자금액이 6.7배가 된다.

연 15% 수익률: (5년마다 2배)

5년 후 : 투자금액이 두 배가 된다.

10년 후 : 투자금액이 네 배가 된다.

15년 후 : 투자금액이 8배가 된다.

20년 후 : 투자금액이 16배가 된다.

연 20% 수익률: (버핏의 50년 평균 수익률이다.)

5년 후 : 투자금액이 2.5배가 된다.

10년 후 : 투자금액이 6배가 된다.

15년 후 : 투자금액이 15배가 된다.

20년 후 : 투자금액이 38배가 된다.

30년 후 : 투자금액이 237배가 된다.

40년 후 : 투자금액이 1470배가 된다.

50년 후 : 투자금액이 9100배가 된다.

복리효과를 알면 워런 버핏이 어떻게 이렇게 큰 부자가 됐는지 이해할 수 있다. 1억을 투자해서 평균 15%의 수익을 낸다면 10년이면 4억, 20년이면 16억이 된다. 전설의 투자자 피터 린치와 워런 버핏은 연평균 수익률이 각 29.2%, 20%다. 1억을 가지고 20%의 수익을 꾸준히 낼 수 있다면, 20년 뒤에는 38억이 된다. 연간 20% 수익률을 낼 수만 있다면 말이다. 계속해서 이런 수익률을 낼 수 있는 사람이면 나이가 들어 굉장한 부자가 된다.

버핏은 50년 넘는 시간 동안 꾸준히 복리 수익을 쌓아왔다. 놀라운 것은, 지금의 막대한 자산 중 99% 이상이 그가 50세를 넘긴 이후에 만들어졌다는 점이다. 그는 30세에 현재 가치로 약 1,000만 달러(당시 100만 달러)를 보유했지만, 현재 그의 자산은 1,350억 달러 이상으로 증가했다. 이는 60년 동안 13,500배 이상 불어난 셈이다. 연평균 20%의 수익이 지속되면 자산이 1만 배 넘게 증가한다. 장기적으로 괜찮은 수익률을 꾸준히 기록할 수만 있다면, 상상하기 어려운 부를 축적할 수 있다.

기다릴 수 없다면, 투자하지 마라

인간은 근시안적 본능을 가지고 있어 지금 수익을 내지 않으면 만족하지 못한다. 한 인터뷰에서 아마존 창업자 제프 베이조스는 워런 버핏에게 그의 투자 전략이 단순해 보이는데도 왜 사람들이 따라 하지 못하는지 물었고, 버핏은 "천천히 부자가 되려는 사람이 없기 때문"이라고 답했다. 버핏은 투자 시장에서 정말 중요한 요소가 '기질'이며, 특히 인내심이 핵심이라는 점을 언급하지만, 여전히 많은 이들은 이 중요성을 놓치고 있다.

빠르게 부자가 되려는 것은 어렵다. 오히려 천천히 부자가 되는 것이 훨씬 수월할 수 있다. 성공적인 투자를 위해 가장 필요한 것은 훌륭한 기업을 저렴할 때 사서 인내하는 것이다. 시장의 단기적인 변동성에서 심리적으로 거리를 둘 수 있어야 한다. 복리 효과는 단기간에 나타나지 않는다.

훌륭한 회사란 무엇일까? 사실 누구나 기본적으로 떠올릴 수 있는 조건들이 있다. 미래 성장 가능성이 있는지, 경영진이 탁월한지, 기술력이 뛰어난지, 시장 경쟁에서 우위를 점할 수 있는지, 그리고 이익을 주주와 어떻게 공유하려는지를 살펴보면 된다. 참고로 미국 주식시장에 상장된 기업들은 배당이나 자사주 매입 같은 방식으로 주주에게 이익을 돌려주는 문화가 잘 갖춰져 있다. 그래서 많은 기업들이 주주 가치를 높이기 위한 노력을 적극적으로 펼치고 있다.

이후 주가가 하락하는 기회가 오면 투자하고, 그다음은 기다리는 것이다. 필립 피셔는 이러한 방식으로 장기 투자할 기업을 선정했고, 쉽게 매도하지 않았다. 그는 1955년 성장주 모토로라를 발굴해 2004년 생을 마칠 때까지 평생 보유했다.

가격이 크게 하락하기 시작할 때부터 분할 매수를 시작해, 하락 도중 저점이 형성된다면, 그 시점의 매수는 최고의 결과로 이어질 수 있다. 저점으로 향하는 흐름 속에서 천천히 매수하고, 저점 부근에서 추가 매수하며, 반등 이후에도 매수 기회를 이어가는 전략은 결과적으로 최적의 진입 방식이 된다. 이러한 전략을 실천하기 위해서는 시장의 흐름을 읽는 안목도 중요하지만, 무엇보다 현금을 적절히 보유해 두고 기회가 왔을 때, 주저하지 않고 행동하는 용기가 필요하다.

그러나 실제 투자에서는 이와는 반대의 선택이 자주 일어난다. 많은 투자자들이 매수해야 할 때 오히려 매도하고, 매도해야 할 때는 무리하게 매수에 나선다. 이는 단순히 정보가 부족해서가 아니라, 사람들이 생각보다 외부의 영향을 크게 받기 때문이다. 미디어의 자극적인 뉴스, 전문가의 단정적인 발언, 커뮤니티의 집단적 분위기 등은 투자자들의 판단에 보이지 않는 압박을 가한다. 이러한 심리적 유도는 흔히 '넛지(nudge)'라고 불리지만, 투자에서는 그 흐름을 의심하고 스스로 판단할 줄 아는 감각이 더욱 중요하다. 결국 다수의 움직임을 그대로 따르기보다는 그 흐름을 조용히 비켜설 줄 아는 사람만이 시장의 반전 속에서 기회를 잡을 수 있다.

일단 탁월한 주식을 매수했으면 기다리면 된다. 겨울이 지나 봄이 올 때도 추위가 바로 멈추고 따스함이 찾아오지 않는다. 섣불리 가벼운 옷으로 갈아입게 되면 오히려 감기에 걸리기 마련이다. 몇 번이고 뒤통수를 치는 추위 뒤에 찾아오는 것이 봄이고 여름이다. 주식시장에서의 경험은 코스탈로니의 달걀 그림이나 하워드 막스의 사이클 도식처럼 그렇게 단순하지 않다. 마음을 흔들어 놓고 때로는 고통스럽게 불편하게 만든다. 그래서 앙드레 코스탈로니는 "좋은 주식을 샀다면 걱정하지 말고 수면제를 먹고 푹 자라. 그리고 10년 후에 깨면 큰돈을 벌게 될 것이다."라고 말했다. 이는 단기적인 시장 변동성에 흔들리지 말고, 올바른 투자 판단을 했다면 조급해하지 말고 기다려야 한다는 의미다. 피터 린치 역시 같은 맥락에서 장기 투자의 중요성을 강조했다.

투자의 본질은 기질이다

버핏 투자의 핵심은 기질과 태도에 있다.

그는 수천억 달러에 달하는 버크셔의 자금을 소수의 기업에 집중 투자한다. 단기적인 시세 흐름에 반응하지 않으며, 시장을 다른 관점으로 바라본다. 가격이 아닌 가치를 기준으로 판단하고, 기회가 왔을 때는 과감히 행동한다. 그는 분명히 일반 투자자들과 다르게 움직인다.

많은 이들이 그의 투자법을 모범으로 여기며, 그의 철학을 이해하고자 한다. 흔히 말하듯 버핏의 투자 철학은 80%는 '기업의 내재가치'를 강조한 벤저민 그레이엄에게서, 20%는 성장 기업을 바라보는 시각을 알려준 필립 피셔에게서 영향을 받았다. 그러나 그의 방식은 복잡하거나 고도의 기술을 요하지 않는다. 그는 자신이 이해할 수 있는 단순한 사업에 투자하고, 기회가 올 때까지 기다릴 줄 안다. 그럼에도 대부분의 사람들은 버핏처럼 행동하지 못한다. 원칙을 알고도 실천하지 못하고, 수익을 실현하지 못한다. 이유는 분명하다. 철학이 어렵거나 정보가 부족해서가 아니다. 투자의 본질은 기술이 아니라 기질에 있기 때문이다.

찰리 멍거는 말한다. "IQ가 높다고 좋은 투자자가 되는 건 아니다. 끔찍한 기질을 가진 사람은 끔찍한 투자자가 된다(A lot of people with high IQs are terrible investors because they've got terrible temperaments)." 투자 성과는 감정과 본능을 얼마나 잘 통제하느냐에 달려 있다. 불안, 공포, 탐욕, 질투, 때론 광기와 같은 감정들이 시장을 흔들 때, 그 흐름을 따르지 않고 자신만의 기준을 지킬 수 있어야 한다. 대가들의 전략이 단순하지만 따라 하기 어려운 이유는 그 단순함을 끝까지 유지할 수 있는 기질을 가진 이가 드물기 때문이다.

버크셔 해서웨이의 주가는 역사적으로 세 차례, 50% 이상 크게 하락한 적이 있다. 하지만 버핏은 흔들리지 않았다. 기다린 자들은 결국 회복을 경험했고, 성과를 얻었다. 시장에서 살아남은 사람은 언제나 그 변동을 이겨낸 사람들이다.

투자의 길은 단순해 보여도, 실제로는 쉽지 않다. 수시로 2~30%씩 오르내리는 시장을 담담히 견뎌야 하고, 때로는 예기치 못한 블랙스완을 마주하기도 한다. 그런 변동 속에서 버텨낼 수 있는 인내심과 용기가 필요하다. 성과는 그 거친 길을 포기하지 않은 이들에게 주어진다. 성장에는 실패와 시련이 필연처럼 따라온다. 실패가 주는 고통은 성장의 연료가 되며, 실수는 배움의 기회가 된다. 그것이 자양분이 되어 투자자의 내면을 단련시킨다.

테슬라의 일론 머스크나 메타의 마크 저커버그처럼 기술과 노력으로 성공을 이룬 천재들이 있는가 하면, 투자라는 길은 다른 능력을 요구한다. 기술보다 중요한 것은 감정을 통제할 수 있는 태도, 인간의 본능으로부터 한 걸음 떨어질 수 있는 기질이다. 그리고 이것이야말로, 버핏이 긴 세월 동안 투자자로서 흔들리지 않을 수 있었던 이유다. 결국, 시장에서 살아남는 사람은 기질이 다른 사람이다.

〈버핏은 아내를 위한 신탁관리자에게 S&P500 인덱스 펀드에 투자하라고 조언했다.

이 펀드는 미국을 대표하는 우량 기업에 분산 투자하는 상품으로, 장기적으로 연평균 7% 이상의 수익률을 보여왔다. 최근 10년간의 수익률도 10%에 이를 만큼 꾸준하고 안정적이다. 연평균 7% 수익률만 유지해도 10년 뒤에는 원금이 두 배가 된다. 복잡하게 고민하지 않아도, 시장 전체에 투자하는 방식만으로도 충분히 괜찮은 성과를 기대할 수 있다는 뜻이다. 개별 종목을 고르기 어렵다면, 미국 시장 평균에 투자하는 것이 최선의 전략 중 하나일 수 있다.

문제는 대부분의 사람들이 그 정도 수익률로는 만족하지 못한다는 점이다. 더 많은 수익, 더 빠른 결과를 원하다가 무리한 선택을 하게 된다. 긴 시간 동안 성과가 나지 않았다면, 전략이 틀린 게 아니라 준비가 부족했음을 먼저 인정해야 한다.〉

제 2 장

시장은 변덕스럽고 무자비하다

단기적인 조정과 하락은
투자 과정의 일부다.
가격은 항상 변동하며, 매수 후
바로 상승하지도 않는다. 대부분의
상승은 불안과 의심 속에서 시작된다.
이 시기를 견뎌내는 것이
투자 성과로 이어진다.

시장엔 방향도, 규칙도 없다

하락장

　주식시장은 계산대로 움직이지 않는다. 가변적이고 예측 불가능하다. 주가의 움직임은 인간의 '탐욕'과 '두려움'이라는 심리에 크게 영향을 받으며, 이런 감정이 돈의 흐름을 바꾸고, 그 흐름이 결국 가격을 좌우한다. 시장의 변화는 이성적인 계산보다 감정의 영향을 더 많이 받으며, 이로 인해 투자자는 종종 예측과 다른 현실 앞에서 혼란을 겪는다. 감정에 치우쳐 상황에 맞지 않거나 해로운 결정을 내리는 것은 비합리적이고 비이성적이라 할 수 있다. 이런 점에서 투자시장은 언제나 합리적 판단으로 움직이지 않으며, 전반적으로 이성적이라 보기 어렵다. 자산 가격은 급등락하며, 때로는 설명조차 불가능하다.

　1973~1974년 오일 쇼크와 스태그플레이션은 세계 경제에 큰 충격을 준 사건이다. 이로 시작된 경기 침체 시기에는 인플레이션

이 16%까지 치솟는 이상한 현상이 일어났고, 평균적으로 주가는 2년 만에 거의 절반 가까이 하락했다. 주가가 폭락하면 모두 패닉 상태에 빠진다. 재산의 반을 날리고 불안해하지 않는 이들은 없다. 특히 레버리지를 크게 사용한 투자자는 자산을 헐값에 잃기도 한다. 당시 높은 레버리지를 사용하던 릭 게린은 마진콜(증거금이 부족해져 증권사가 추가로 돈을 내라고 요구하는 것)을 해결하기 위해 보유하던 버크셔 지분을 버핏에게 매도하기도 했다. 그들의 투자 파트너였던 찰리 멍거(Charlie Munger) 역시 자신의 운용 자산의 절반을 잃는 큰 손실을 경험했으며, 버크셔 주가 역시 당시 절반 가까이 하락했다.

미국 주식시장의 연평균 수익률은 약 10%에 이르지만, 한 해에 30% 넘게 폭락한 적도 있으며, 1987년 10월 19일에는 단 하루 만에 20% 이상 떨어진 바 있다. 개별 종목이 아닌 S&P500 지수가 이렇게 폭락한 것이다. 버크셔 해서웨이의 주가 역시 1970년대 오일 쇼크, 2000년대 닷컴버블, 그리고 2008년 금융위기 등 세 차례 이상, 고점 대비 50%가 넘는 하락을 경험한 바 있다. 시장은 예측할 수 없다. 기대대로 움직이지 않으며 전혀 예상하지 못한 일들이 수시로 발생한다. 1987년 10월, 골프 여행 중이던 피터 린치조차 그 갑작스러운 폭락을 전혀 예상하지 못했고, 그의 주변에 있던 수많은 전문가들 역시 어떤 징후도 감지하지 못했다고 한다. 시장은 급격히 상승하기도 하지만, 갑작스럽게 하락하기도 한다.

상승장에서는 투자자들이 높은 수익에 들떠 축제 분위기를 누리지만, 하락장에 접어들면 손실에 대한 두려움과 불안감으로 고통받는다. 특히 하락장이 길어질수록 투자자들은 극심한 공포에 휩싸이게 된다. 약세장(bear market)은 이러한 두려움과 공포가 시장을 지배하면서 자금의 흐름이 막히고 심리가 위축된 상태를 의미한다. 투자자에게는 견디기 힘든 시간이다.

공매도로 시장을 부수어 버린다

일반적으로 약세장은 고점 대비 20% 이상 하락한 상태가 일정 기간 지속될 때를 의미하며, 짧게는 수개월에서 길게는 수년간 지속되기도 한다. 최근에는 18개월 이상 지속되는 경우는 드물다. 정부와 연준의 개입이 빨라졌고, 알고리즘에 의한 기계적 매수도 강하게 작용하기 때문이다. 조정장은 지속 기간이 몇 달 정도로 짧고, 하락 폭도 20% 이내인 경우를 말한다. "공포에 사라(buy the dip)"는 말처럼, 누군가는 약세장이 길어지면 리스크가 거의 사라졌다고 보고, 지금이 안전한 투자 시기라고 말한다. 때로는 맞는 말이다. 그러나 확실한 것은 아무것도 없다. 용기를 내어 매수에 나서도 반드시 탁월한 성과를 보장하지 않는다.

이때 시장에 뛰어드는 거물 투기꾼들이 있다. 그들은 시장이 공포에 휩싸여 있을 때 강력한 공매도로 시장을 짓눌러버린다. 반대로 탐욕에 사로잡혀 거품을 형성할 때는 큰돈으로 매수해 불을 붙인다. 이들은 시장의 광기를 확인하고 그 속에 뛰어든다. 전설적인 투자자 조지 소로스 역시, 대중의 이러한 '광기'를 활용해 먼저 뛰어든 뒤, 실체가 드러나기 전에 빠져나오는 전략이 효과적이라고 보았다.

하지만 소로스도 항상 수익을 낸 것은 아니다. 1998년 롱텀캐피털매니지먼트(LTCM)에 투자했다가 회사가 파산하면서 큰 손실을 입었고, 2000년 기술주 폭주에 참여했지만, 닷컴버블 폭락으로 수십억 달러의 손실을 보기도 했다. 전체 운영자금(AUM)을 100~150억 달러로 추정할 때, 상당한 비중을 차지하는 손실이었다. 천재들도 때로 큰 손실을 본다. 시장은 이러한 투기 세력들의 행동에 의해 더욱 무작위적으로 요동친다.

시장의 광기에 참여하면 높은 수익을 기대할 수 있지만, 그만큼 큰 손실이 날 가능성도 높다는 사실을 명심해야 한다.

시장은 마지막 남은 사람들이 나가떨어질 때까지 투자자들을 뒤흔든다. 이러한 무작위적이고 무자비한 시장을 투자 전문가들은 괴물이라 지칭한다. 가치투자의 아버지 벤저민 그레이엄은 시장을 조울증에 걸린 '미스터 마켓(Mr. Market)'이라 했고, 케인스는 미쳐 날뛰는 '동물적 본능(animal spirit)'이라 표현했다. 위대한 투자자 필립 피셔의 아들 켄 피셔(Ken Fisher)는 시장을 '능멸자(The Great

Humiliator, TGH)'라 표현했다. 투자시장을 비이성적이고 무자비하며 광기로 날뛰는 짐승과 같다고 설명한다. 이 괴물은 투자자들이 가진 돈을 마지막 한 푼까지 빼앗기 위해 무엇이든 할 수 있다. 이성적이지도, 합리적이지도 않다. 논리도 없고 무작위적이다. 시장에 불을 붙여 탐욕을 부추기다가도, 갑자기 돌변해 공포에 질리게 만든다. 시장은 인간의 비이성적이고 감정적이며, 이기적이고 편향된 선택이 만들어낸 괴물의 지배를 받는다. 불합리한 인간의 마음이 그 괴물을 만들어낸 것이다.

이 괴물은 단지 돈만 빼앗는 게 아니라, 투자자의 감정까지 뒤흔든다. 주가가 하락하면 고통스럽고, 주가가 올라서도 더 사지 못한 아쉬움이 남는다. 더 큰 수익을 올린 사람을 볼 때면 불편한 마음이 들기도 한다. 투자자는 이 괴물의 무자비함뿐 아니라, 스스로의 감정과도 싸워야 한다. 투자시장은 예측 불가능하고 언제든 손실이 발생할 수 있는 위험한 장소다. 하락장은 모든 게 끝난 뒤에야 상황이 파악된다. 미스터 마켓은 사람들의 혼란스러운 본능의 집합이다.

손실의 고통

우리가 가장 본능적으로 두려워하는 감정 중 하나는 '상실'이다. 사람은 이익보다 손실에 훨씬 더 민감하게 반응한다. 같은 100달러라도, 얻었을 때의 기쁨보다 잃었을 때의 고통이 두 배 이상 강하게 느껴진다. 단순한 감정의 문제가 아니다. 상실은 뇌에서 '처벌'로 인식되며, 이때 분비되는 스트레스 호르몬은 사고 능력을 제한한다. 생존과 직결된 반응이다.

게다가 많은 투자자들은 과거의 고점을 '본전'으로 간주한다. 주가가 계속 오르지 않으면 여전히 손실처럼 느껴지고, 조정 구간이 길어질수록 심리적 고통은 커진다. 투자 금액이 크면 감정은 커지고, 수익이 나면 기쁘지만, 금액이 크면 조정 구간에 손실이 커져 분노, 자책, 후회, 원망과 같은 부정적인 감정에 빠지기 쉽다. 부정적인 감정은 평소 같으면 하지 않을 판단 실수를 거듭하게 만든다.

이러한 감정은, 실제로 돈을 투자해 보기 전에는 경험하기 어렵다. 1만 달러(약 1,400만 원)를 투자한 이는 짧은 시간 안에 2~3천 달러(수백만원)를 벌거나 잃을 수 있지만, 10만 달러를 투자한 사람은 며칠 사이 수천만 원이 오르내리는 변동성을 견뎌야 한다.

하락장이 시작되면 많은 이들이 불안감에 휩싸여 보유 주식을 매도한다. 그리고 시장이 더 떨어지면 "그래도 안 팔았으면 더 손해였잖아"라며 자신의 결정을 합리화한다. 현금 비중이 높다는 사실은 그나마 심리적으로 안정감을 준다.

그러나 하락장의 막바지에 이른다고 쉽게 매수하기 어렵다. 공포는 시장 전체를 지배하고, 오히려 마지막까지 버티던 이들조차 결국 손을 털고 시장을 떠난다. 가장 큰 손실은 종종 회복 직전, 마지막 순간에 발생한다. 현금은 더 늘어 아무 쓸모가 없게 된다.

시장이 바닥에 가까워지면 사람들은 더 공포에 휩싸인다. 그리고 우리는 공포에 사로잡힐수록 시야가 좁아지고 정상적인 판단을 못하게 된다. 뇌의 편도체는 위기를 감지하고, 스트레스 호르몬인 코르티솔은 생존에 필요한 본능만을 작동시켜 이성적 사고를 못하게 한다. 걱정과 두려움이 커지면 시장 전체를 보는 시야는 사라지고, 눈앞의 수익과 손실에만 집착하게 된다.

수익을 내기 위해서는 주가가 하락할 때 매수를 고민하고, 과열될 때는 매도를 고려할 수 있어야 한다. 그러나 감정에 사로잡히면 오히려 하락장에서 매도하고, 상한가에 추격 매수하는 정반대의 선택을 반복한다. 가장 좋은 매수 시점은 바닥을 지나는 구간이다. 하지만, 그 기간에 충분히 매수하는 투자자들은 그리 많지 않다.

오히려 섣불리 상승하는 주식을 매수해 손실을 만회하려 하지만, 더 큰 손실로 이어진다. 손실이 쉽게 회복 불가능해지고, 더 이상한 매수와 매도로 이어진다. 이때 투자와 도박의 경계는 무너지고, 자신이 어떤 결정을 내리고 있는지도 모른 채 투자가 아닌 도박을 하게 된다.

돈을 걸어봐야 안다

한국전쟁 직후 한 마을에서는 해골에 담긴 물을 마시면 병든 아이가 낫는다는 미신이 있었다. 어머니는 아들을 살리기 위해 동네 아이들에게 해골의 물을 떠오면 부침개를 해주겠다고 약속했다.

아이들은 서로 떠밀다 결국 한 아이가 선택되었고, 그는 눈을 질끈 감고 무덤에서 해골에 담긴 물을 떠왔다. 병든 아이가 실제로 나았는지는 알 수 없다. 그러나 어머니는 아들을 위해 최선을 다했을 뿐이다. 우리는 전쟁을 겪은 세대에 대해 책이나 영화로 접할 수 있지만, 직접 경험한 이들의 감정을 온전히 이해하기는 어렵다. 세상에는 겪어봐야만 깨닫게 되는 교훈이 있다.

훈련을 통해 총 쏘는 법을 배울 수는 있지만, 전장 한가운데서 죽어가는 동료를 보고도 명령을 따를 수 있는지는 실제 상황에서만 알 수 있다. 아무나 워런 버핏이 되는 것도 아니고, 아무나 제시 리버모어가 되는 것도 아니다. 이들은 아주 어린 나이부터 투자라는 세계에 발을 들였다. 워런 버핏은 1942년 4월, 11살 때 처음으로 시티서비스 주식 3주를 사고, 5달러 수익을 내고 매도하며 첫 투자 경험을 시작했다. 이후 수십 년 동안 크고 작은 상승장과 하락장을 겪으며 투자 감각을 익혔다. 자산이 반토막 나는 고통을 경험하기도 했지만, 그는 더욱 단단한 투자자로 성장했다. 돈을 잃는다고 상상할 수는 있지만, 실제로 잃는 경험은 상상 이상의 심리적 고통을 동반한다. 그래서 월가에서는 "돈을 걸어봐야 안다."는 말이 있다. 아무리 확신에 차서 말하더라도 자기 돈을 투자하지 않은 사람의 의견은 큰 의미가 없다. 그들의 인센티브는 다른 것에 있을 수도 있다.

어떤 것은 실제 경험하기 전에는 배울 수도, 알 수도 없다. 실제 손실이 발생하면 투자자는 엄청난 정신적 고통을 겪는다. 그러나 사람은 고통을 통해 배운다. 내가 소중히 모은 돈이 사라지거나 불어나는 경험을 해야만, 시장의 상승과 하락이 나에게 실질적으로 어떤 의미인지 파악할 수 있다.

주식시장의 시세 변화는 피할 수 없는 현실이다. 상승장에서도 10% 이상의 조정이 나타날 수 있고, 그것이 단순한 조정인지 본격적인 하락장인지 확신하기 어렵다. 단순한 지식만으로는 시장에서 살아남을 수 없으며, 행동과 경험을 통해서 투자에 대한 진정한 이해가 더 해진다. 1억 원을 투자해 10%가 오르면 1천만 원이 늘어난다. 반대로 10%가 하락하면 1천만 원이 줄어든다. 누군가에겐 단순한 숫자이지만, 누군가에겐 수 개월치의 급여가 된다.

인생을 어떻게 준비할 수 있을까? 하락장과 상승장을 어떻게 배울 수 있을까? 어떤 것들은 경험하기 전에는 배우기 어렵다. 결국 무너지고, 일어서고, 다시 무너졌다가 또 일어서며 배워가는 것이다. 투자하려면 단단한 마음이 필요하다. 값비싼 대가를 치러야만 배울 수 있다. 그래서 버핏은 말한다. "시장 가치가 20~30% 하락하는 일이 당신에게 감정적·재정적 고통을 안겨준다면, 당신은 주식 투자를 해서는 안 된다." 뜨거운 것을 견디지 못하는 사람은 부엌에서 나와야 한다.

가장 무서운 순간이 최고의 기회였다

모두가 공포에 질려 힘들어하는 시기는 성공적 투자를 하려는 이들에게 굉장히 중요한 시간이다. 다들 비관적으로 시장을 바라보고 뉴스에서는 경기침체를 예측하는 내용이 가득하기 때문에 어떤 확신을 갖기는 어렵다. 실제로 시장은 무섭게 하강하며 겁을 먹으라고 강요한다. 내가 고민하고 투자한 종목이 빠르게 하락하면 감정적으로 흔들리지 않을 사람은 거의 없다. 시장이 공포에 질리면 투자자들은 부정적이고 비관적이 되기 쉽다. 불안이 마음에 자리 잡고 두려움이 밀려온다. 누구나 저점에 매수하고 고점에 매도하고 싶어 하지만, 바닥을 지나는 구간은 투자자들에게 매우 공포스러운 시간이다.

그러나 마켓 사이클을 살피는 투자자 하워드 막스(Howard Marks)는 바닥을 '패닉에 빠진 마지막 보유자가 매도한 날', 또는 '매도자가 매수자보다 우위에 선 마지막 날', 다시 말해 가격이 하락하는 마지막 날이며 최악의 순간에 도달한 시점이라 설명한다. 그래서 그는 가장 좋은 매수 타이밍을 우리가 적극적으로 투자하고 있는 기간 중 언젠가 저점이 형성되는 것이라고 말한다. 저점으로 가는 과정에서 매수하고, 저점 그 순간에도 매수하고, 그 이후에도 매수하는 것이 가장 좋은 매수 타이밍이라고 강조한다. 이 시기에 내리는 판단은 머지않은 미래에 커다란 변화를 만들어낸다.

많은 투자자들은 자신의 직관을 지나치게 확신하고 신뢰한다. 하지만 빠른 선택은 대개 감정적이고 무의식적이며, '감'이나 '느낌'에 의존한 어림짐작으로 결정을 내리는 경우가 많다. 이러한 선택 방식은 복잡한 문제를 신속하게 처리할 수 있다는 장점이 있지만, 편견이나 오류에 쉽게 노출되며, 문제의 난이도가 높을수록 실수도 잦아진다. 반면, 한 분야에서 오랜 시간 경험을 쌓은 전문가들의 직관은 높은 신뢰를 받을 만하다. 수십 년간 환자를 진료해 온 의사나, 시장에서 오랜 경험으로 무장한 전문 투자자들의 직관은 믿을 만하다.

하지만 전문가라 할지라도 자신에게 익숙하지 않은 영역에서 내리는 직관적 선택은 실수로 이어지는 경우가 많다. 투자 전문가들은 하락장에 투자하지만 성과가 없는 투자자들은 시장을 떠난다. 경험이 부족한 초보 투자자들이 약세장에서 내리는 판단은 실수로 이어질 가능성이 크다.

공포에 휩싸였을 때 감정적이고 빠른 선택은 실수 가능성을 높인다. 고통을 피하고 싶은 마음으로 저점에 매도하거나, 정작 중요한 순간에 판단을 미루어 좋은 기회를 놓치기도 한다.

주식 투자를 하다 보면 주가 하락은 피할 수 없는 현실이다. 그런데 시장이 가장 요동치고 사람들이 패닉에 빠졌을 때가, 아이러니하게도 가장 좋은 매수 시점이라는 사실이다. 약세장이 길어지면 많은 사람들이 지쳐 시장을 떠나지만, "해가 뜨기 전이 가장 어둡다."는 말처럼, 시장은 모두가 두려움에 굴복해 관심조차 두지 않을 때 조용히 움직이기 시작한다. 물론 확실하고 안전한 것은 아무것도 없다. 투자 결정은 모든 게 명확해진 다음에 내릴 수 있는 게 아니다. 최선을 다해 적절한 선택을 하고, 그 선택이 잘못되었음을 알게 되었을 때는 기꺼이 수정해 나가는 것뿐이다.

바닥은 지나고 나서야 확인할 수 있고, 어떤 일들은 모두 끝난 후에야 확인된다

코스탈로니의 달걀 그림을 보면, 사야 할 때와 기다려야 할 때, 팔아야 할 구간이 달걀 안에서 단순하고 명확하게 설명된다. 자산이 많이 올랐을 때 팔고, 바닥일 때 사는 것이다. 그러나 실제로 경험하는 시장은 훨씬 더 혼란스럽다. 단순한 그림처럼 움직이지 않는다. 시장은 아주 많이 오르거나, 아주 많이 내리거나, 약간 오르거나, 약간 내린다. 하지만 그 순서도 일정하지 않고, 예측할 수도 없다. 어떤 구간은 장기간 지속되기도 한다.

저점이라 생각했지만 멈추지 않고 더 하락하기도 하고, 고점이라 생각했는데도 계속 오르기도 한다. 전문가들이 예측하더라도 맞는 경우는 드물다. 몇 번만 정확히 맞출 수 있다면, 그런 사람은 이미 가장 부유한 투자자로 이름을 날리고 있을 것이다. 돈을 걸지 않은 사람은 인센티브가 다르다. 시장은 하락하든, 상승하든 안개 속을 걷는 것처럼 앞이 뚜렷이 보이지 않는다. 바닥이 지나고 나서야 확인할 수 있고, 어떤 것도 확실하지 않다. 어떤 일들은 모두 끝난 후에야 확인된다.

"상승장은 고통에서 시작하고, 의심 속에 성장하고, 참여자가 많아지며 성숙해지고, 모두가 환호할 때 사라진다."는 월가의 명언처럼, 모두가 공포에 휩싸여 있을 때를 지나고 나면 그때가 저점이었다는 것을 확인하게 된다. 2002년 7월, 모든 사람들이 펀드에서 빠져나갔다. 이때는 강세장 직전으로, 매수하기에 환상적인 시기였다. 뮤추얼펀드로의 자금 유입은 2000년 2월에 가장 높았다. 이 시기는 닷컴버블 붕괴 직전으로, 이후 3년간 약세장이 시작되던 시점이었다. 주식을 매도하고 빠져나와야 하는 가장 적절한 시기였다. 아무도 일부러 저점에 매도하고 고점에 매수하려고 하지 않는다. 하지만 많은 사람들이 두려움과 탐욕에 이끌려 의도와 다르게 행동하곤 한다. 바닥이 지나고 나서야 확인된다. 그러나 이때의 선택이 결과의 커다란 차이를 만들어낸다.

두려움에서 벗어났지만, 수익은 놓쳤다

시장 하락이 이어지자, 보유 주식을 일부 매도하고, 현금 비중을 40%까지 늘리기로 결정한다. 이후 시장은 더욱 하락하고, 고점에서 미처 매도하지 못한 점은 아쉽지만, 잠재적 손실을 줄일 수 있어 다행이라 여긴다.

뉴스 화면은 온통 부정적인 전망으로 가득 차고, 대부분의 전문가들이 경기 침체를 예고한다. 투자자들의 관심은 점점 줄어들고, 약세장은 생각보다 오래 지속된다. 자신의 선택이 옳았다는 생각에 안도한다. 하지만 시장은 언제나 예측을 벗어나 움직인다.

미스터마켓에게 몇 번이나 휘둘리는 고통스러운 저점 구간이 지나고 나면, 어느 순간 주가는 반등하기 시작한다. 모두가 시장을 떠나자 움직이기 시작한 것이다. 주가는 이전보다 훨씬 더 높은 가격으로 거래되기 시작하고, 그 변화는 빠르게 일어난다. 우리가 괴로운 것은 변화가 너무 갑작스럽다는 것이다. 적어도 우리가 느낄 때는 그렇다. 하지만 사실은 꽤 오랜 시간이 흐른 뒤다. 수개월, 수년 전 낮은 가격에 매도하고 떠났던 종목이 급격히 오르면, 사람들은 매도 이후 시장에서 물러난 자신을 아쉬워한다. 이런 반등은 저점에서 공포에 떠밀려 매도한 이들에게 더욱 쓰라리게 다가온다. 자산의 절반 가까이를 현금으로 들고 있는 투자자에겐 상승장에서 만들어지는 높은 수익이 굉장히 불편스럽다.

시장에 확실한 것은 없다. 주가는 조용히, 천천히 오르기도 하고, 때로는 갑작스럽게 급등하기도 한다. 시장에서 확실한 것은 아무것도 없다. 큰 흐름은 언제나 지나간 후에야 비로소 보인다.

월가의 오래된 명언처럼, 상승장은 고통 속에서 태어나고 사람들의 의심 속에서 자란다. 시장은 무작위로 움직인다. 공포 속에서도 용기를 낸 사람들, 조용히 인내하며 기다린 사람들에게 결국 기쁨의 시간이 찾아온다.

시장은 사이클을 따라 움직인다. 약세장이 있으면 반드시 상승장이 온다. 계절의 흐름처럼 큰 틀의 예측은 가능하다. 겨울이 어느 정도 지나면 봄이 올 것이라는 확신이 생긴다. 그러나 봄은 단번에 오지 않는다. 봄이 온 것 같다가도 다시 쌀쌀해지고, 우리는 또다시 겨울옷을 꺼내 입는다. 그렇게 몇 번의 되돌림을 겪고 나서야 진짜 봄이 찾아온다.

영원한 약세장도, 영원한 강세장도 존재하지 않는다. 약세장이 끝나지 않을 것처럼 느껴질 때조차, 시장은 어느 순간 바닥을 지나 다시 상승하기 시작한다.

하지만 현금 비중이 너무 많으면, 바닥을 지난 듯 보이고 회복의 조짐이 나타나더라도 여전히 비관적인 시장 분위기 속에서 자산을 쉽게 옮기기 어렵다. 그래서 전설적인 투자자들은 자산의 비중을 조절하며 시장에 대응한다. 벤저민 그레이엄은 약세장엔 주식과 채권을 7대 3 비율로 유지하고 시장 흐름에 따라 비율을 조정했다. 그는 주식이 상승하면 일부를 매도해 현금을 마련하고, 약세장에서는 할인된 가격의 탁월한 회사를 적극 매수해 비중을 늘려나갔다. 워런 버핏 역시 자산의 80% 이하로 주식을 보유한 적이 없다고 말한다. 그는 코카콜라, 웰스파고, 아메리칸 익스프레스, 애플과 같은 탁월한 회사를 장기 보유하며 엄청난 수익을 올렸다.

버핏은 자산의 대부분을 항상 주식에 투자해 왔다. 그는 "나는 내 순자산 거의 전부를 미국 주식에 투자하고 있다(I have nearly all my net worth in U.S. equities)."고 말하며, 현금은 오히려 가장 위험한 자산이라고 경고한다. 물론 그는 자신이 20세기 미국에서 백인 남성으로 중산층 이상에서 태어난 것을 복권당첨과 비교하며, 자신의 성공에 행운이 크게 따라줬음을 인정한다. 시간의 흐름에 따라 현금의 가치는 줄어들기 때문에, 생산적인 자산에 투자하는 것이 진정한 안전이라고 믿는다. 그는 이런 철학을 바탕으로 자산 대부분을 일관되게 미국 주식에 투자해 왔다.

하지만 아무리 좋은 철학이라도, 실제 투자에 적용하는 것은 전혀 다른 이야기다. 나 역시 옳다고 믿는 판단을 했더라도, 막상 실행에 옮기기란 쉽지 않았다. 내가 매도한 주식이 이후로도 횡보하거나 하락할 수 있다. 그러나 때로는 팔아버린 주식이 그 후 최고의 수익률을 기록하기도 한다.

상승도, 하락도 영원하지 않다. 그러나 우리는 잊는다

사람들은 다른 사람들의 말이나 행동에 쉽게 영향을 받는다. 누군가의 분노를 피하거나 환심을 사기 위해 그들의 생각이나 행동을 무의식적으로 따르기도 한다. 이러한 사회적 영향력은 일상의 다양한 모습 속에서 드러난다.

예를 들어, 비만은 전염성이 있다는 연구 결과가 있다. 절친한 친구가 살이 찌면 본인도 체중이 늘어날 가능성이 높아진다. 룸메이트나 기숙사 친구의 생활 습관이 학생의 학점은 물론, 장기적으로는 미래의 진로에까지 영향을 미친다는 연구도 있다.

또한, 식사 행동에서도 타인의 영향은 뚜렷하게 나타난다. 사람들은 혼자 먹을 때보다 함께 먹을 때 평균적으로 훨씬 더 많이 먹는 경향을 보인다. 연구에 따르면, 두세 명과 식사하면 35% 이상, 일곱 명 이상과 함께 식사하면 90% 가까이 더 먹는다고 한다.

사람들은 무리 본능이 있다. 누군가가 행동하면 나도 자연스럽게 따라 하게 된다. 주변에서 주식 얘기가 많이 들리고, 많은 이들이 투자를 시작하면 나도 덩달아 투자하고 싶은 마음이 커진다. 투자시장으로 돈이 들어오고 가격이 오르기 시작하면 더 많은 이들이 시장에 참여한다. 여기저기서 모아둔 돈까지 시장으로 들어오면서 거품이 형성된다.

사람들의 심리에는 늘 FOMO(Fear Of Missing Out), 즉 '놓칠까 두려워하는 심리'가 자리 잡고 있다. 하지만 영원한 것은 없다. 하락장도, 상승장도 끝없이 이어지지 않는다.

하워드 막스는 시장의 변화를 "시계추처럼 늘 극단을 향해 움직이거나, 극단으로부터 멀어진다."고 표현한다. 상승장이 찾아오면 투자자들은 긍정적인 기분에 젖는다. 앞으로도 좋은 일들이 이어질 것이라 기대하며, 시장이 과열될수록 사람들은 점점 더 탐욕에 사로잡힌다. 돈을 벌고 싶다는 인간의 욕망이 커질수록 자산 가격은 더 높이 올라간다. 시장 과열이 사람들의 탐욕을 자극하는 것인지, 사람들의 탐욕이 시장을 과열시키는 것인지 구분할 수는 없다. 두 가지가 맞물려 시장 분위기를 끌어올린다는 점이다. 탐욕은 시장을 밀어올리고, 상승장은 다시 투자자의 욕망을 자극한다.

그러나 어느 순간 시장 분위기는 가라앉는다. 기대감도 사라지고, 투자자들의 마음속에는 두려움이 자리 잡기 시작한다. 시장 가격은 하락하고, 때로는 패닉이 찾아온다. 누군가는 지금이 매수 기회라고 생각하지만, 또 다른 누군가는 더 큰 하락을 두려워하며 매도에 나선다. 시장은 늘 매수와 매도, 탐욕과 두려움 사이에서 줄다리기를 반복한다.

군중 심리에 휩쓸린 선택은 결과가 좋지 않다

투자시장은 언제나 큰 변화를 동반한다. 가격은 때로는 급등하고, 때로는 급락한다. 강세장이 있고 약세장이 있다. 그러나 영원한 강세장도, 영원한 약세장도 없다.

문제는 사람들이 가격이 오르거나 내리면 그것에 취해 사이클의 흐름을 망각한다는 점이다. 상승장이 길어지면, 사람들은 "이번엔 다르다."고 말하며 지금의 상승이 계속될 것이라 주장한다. 하락장이 지속되어도 마찬가지다. 시장의 극단적 분위기에 젖어, 그것이 당연한 것처럼 착각한다.

피터 린치는 시장을 판단하는 자신만의 인간지표가 있다고 말한다. 대중의 반응을 보고 시장을 느낀다는 것이다. "초기 상승장엔 아무도 주식에 관심을 갖지 않는다. 펀드매니저라고 해도 관심을 받지 못한다. 하지만 주가가 오르기 시작하면 사람들은 귀를 기울이고, 마침내 모두가 주식 이야기를 꺼낸다. 심지어 치과의사나 택시기사가 종목을 추천하기 시작하면, 그게 꼭지일 수 있다." 버핏은 남들이 탐욕스러울 때 두려워하고, 남들이 두려워할 때 탐욕스러워지라고 권한다. 대중에 휩싸이지 말라는 의미다.

투자 전설들은 자신만의 기준이 있지만 그렇다고 섣부르게 시장을 예측하려 하지 않는다. 시장은 늘 위와 아래를 오가며 움직인다. 고점도, 저점도 지나야 비로소 확인할 수 있다. 시장은 영원하지 않다. 무리 본능과 군중 심리에 휩쓸린 선택은 결과가 좋지 않다.

비관론자는 명성을 얻지만, 낙관론자는 부를 얻는다

시장은 예측하는 것이 아니다. 과도한 낙관주의는 위험하며 지나친 비관주의 역시 아무런 성과를 내지 못하게 만든다. 상승장과 하락장의 사이클은 예측하기 어렵고, 그 흐름은 명확하게 다가오지 않는다.

세상에 안전하고 확실한 선택이란 없다. 상승장도 하락장도 무작위적이고 불규칙하게 움직인다. 우리는 시간이 지나서야 자신의 선택이 옳았는지, 그릇되었는지를 알 수 있다. 그러나 한 가지 분명한 사실은 비관적 시각을 가진 자들보다 낙관적으로 시장을 바라보는 사람들이 돈을 더 번다는 것이다. 비관적인 사람들은 투자를 주저하지만, 낙관적인 사람들은 투자하기 때문이다. 불확실함 속에서 내리는 '하나의 선택'이, 이후 자산 증가에 상상 이상으로 커다란 차이를 만들어낸다.

방 안에 머물러서는 결코 사냥감을 얻을 수 없다. 때로는 과감한 선택을 내릴 수 있는 배짱과 용기가 필요하고, 반대로 아무것도 하지 않은 채 묵묵히 기다려야 하는 시기도 있다. 문제는 모두가 아니라고 말할 때 혼자서 확신을 갖는 것이 어렵다는 점이다. 세상에 확실한 것은 없다. 하지만 우리는 언제나 선택해야 하고, 그 선택의 결과에 책임져야 한다.

주식이든 부동산이든 성공적인 투자는 좋은 자산을 저렴하게 사는 것이다. 사람들이 다들 좋다고 뛰어들 때는 이미 시장에 가격이 반영되어 있을 가능성이 높다. 현명한 사람은 모두가 아니라고 할 때 한 걸음 먼저 나아간다. 바보는 현명한 사람이 처음에 하는 일을 마지막에 따라 한다. 남들이 외면할 때 앞서나가려면 불안을 넘어서는 용기가 필요하지만, 그만큼 보상도 크다. 반대로, 결정적인 순간에 사소해 보였던 판단 실수가 시간이 흐른 뒤 감당하기 어려운 대가로 돌아오는 경우도 많다.

지혜로운 사냥꾼은 사냥감이 다니는 길목에 자리를 잡는다. 길목을 지키고 있으면 사냥감이 지날 때가 있다. 그때가 기회다. 모두에게 외면받는 시기에 다수가 몰리는 곳을 비껴가는 것, 그것이 인생 성공의 비결이고 투자의 비밀이다. 어떤 주식이든 '인기'를 얻기 전에 사야 한다. 지금은 시장에서 외면받고 많은 이들이 비관적으로 생각하지만, 머지않아 인기를 얻게 될 주식을 알아내는 것, 탁월한 경영진이 이끄는 기업 중에서 앞으로 시장을 장악할 경쟁력을 갖춘 회사를 찾아내는 것 — 그것이야말로 중요한 투자 전략이다.

사람들은 공포에 휩싸이거나 긴장하면 올바른 판단을 내리기 어렵다. 부정적인 감정은 시야를 좁히고 뇌의 기능을 위축시킨다. 폭넓게 생각하지 못하고, 상황이 어려워질수록 판단력이 흐려진다. 시장이 불안해지면 많은 투자자들은 섣부른 결정을 내리거나 아예 선택을 미루며, 결국 후회할 가능성을 높인다. 하지만, 지금이 결론이 아니다. 시장은 흐르고 가격은 변한다. 오늘의 주가가 내년의 주가를 결정하지 않는다. 때로 미묘한 선택의 차이가 커다란 결과의 차이를 만들어낸다.

시장은 질투심에 흔들린다

투자라는 이름의 도박

부러움, 질투, 사회적 비교, 그리고 상대적 박탈감은 우리의 투자 결정을 내리는 데 깊은 영향을 미친다. 때로는 자신이 지나친 욕심에 사로잡혀 투자하고 있는 건 아닌지 스스로 점검해 볼 필요가 있다. 주식 투자는 언제든 투기적인 성격으로 흐를 수 있고, 중독의 위험도 크다. 기술의 발달로 이제는 버튼 몇 번만 누르면 큰돈을 손쉽게 투자할 수 있게 되었고, 이는 자칫 도박처럼 행동하게 만들 수 있다. 겉으로는 투자처럼 보이지만, 점점 운에만 기대는 방식으로 빠져들게 된다. 도박이 위험한 이유는 점점 판단은 사라지고 모든 것을 운에 맡긴 채 돈을 베팅하기 때문이다.

투자에 감정이 개입되기 시작하면, 이성적인 판단은 점점 흐려진다. 사람들은 손실을 극도로 싫어한다. 우리의 손실회피 본능은 같은 금액이라도 이익을 얻었을 때보다 손실을 입었을 때 2~3배 더 큰 고통을 느끼게 한다. 그래서 돈을 잃으면 손해 본 금액을 만회하려고 무리한 행동을 한다. "운이 없었을 뿐이야!"라며 스스로를 합리화하고, 다음번엔 성공할 것이라 믿는다. 큰돈을 걸어 한 번에 원금을 회복하려 하지만, 오히려 더 큰 손실을 입는 경우가 많다.

설령 운 좋게 원금을 회복하더라도 쉽게 멈추지 못한다. 보상 회로가 자극되어 이미 중독 상태에 빠졌기 때문이다. 많은 사람들은 운에 베팅하면 승률이 반반일 거라 착각하지만, 현실은 전혀 다르다. 공정한 게임처럼 보여도 도박장이나 증권사는 자신들에게 유리하게 구조를 설계해 둔다. 장기적으로 게임을 반복할수록 운영자가 이득을 보는 구조다. 증권사의 주요 수익원은 거래 수수료와 대출 이자다. 투자자가 거래를 자주 하거나 신용거래에 의존할수록 증권사는 더 많은 수익을 올린다.

친구의 성공은 나의 실패가 아니다

질투와 비교심리는 단순한 불만으로 끝나지 않는다. 우리는 공정하지 않다고 느끼면, 손해를 감수하더라도 상대를 응징하고 싶어진다. 이런 인간의 심리를 보여주는 '최후통첩 게임(Ultimatum Game)'이라는 실험이 있다. 두 명이 참여하는 이 게임에서 한 명은 제안자, 다른 한 명은 응답자가 된다. 제안자는 일정 금액을 받은 후, 이를 어떻게 나눌지 응답자에게 제안한다. 응답자는 제안을 수락하거나 거절할 수 있는데, 수락하면 제안대로 분배되고, 거절하면 둘 다 한 푼도 받지 못한다.

이론상으로는 제안자가 99%를 가져가고 1%만 줘도, 어쨌든 공짜 돈이니 수락하는 것이 합리적이다. 그러나 실험 결과는 달랐다. 응답자는 자신에게 불공정하다고 느끼면 제안을 거절하는 경우가 많았다. 심지어 20%만 받아도 거부하는 사례가 잦았다. 이 실험은 인간이 단순히 금전적 이익만을 기준으로 행동하지 않음을 보여준다. 우리는 상대가 부당한 이익을 취한다고 느낄 때, 손해를 감수하면서도 응징하고 싶어 한다.

사람은 끊임없이 자신과 타인을 비교한다. 남이 더 많은 것을 가졌다고 느낄 때는 박탈감을 느끼고, 그 차이가 불공정하다고 느껴질 때는 분노와 보복심이 따라온다. 이런 감정은 이성보다 훨씬 더 깊이 우리의 행동을 지배한다.

하지만 상대가 더 많이 가져갔다고 해서 내가 손해를 본 것은 아니다. 사람들은 실제로 손해를 본 것이 아님에도, 상대방이 더 많은 것을 가져갔다는 이유만으로 불편함을 느낀다. 우리는 마치 상대가 내 몫을 빼앗아 간 것처럼 느낀다. 그러나 타인의 성취와 성공이 곧 나의 실패를 의미하는 것은 아니다. 친구의 성공은 나의 실패가 아니다.

문제는 내가 실수하거나 잘못된 선택을 했을 때, 그 결과를 온전히 인정하지 못하는 태도다. 우리의 인생은 수많은 의사결정이 쌓여 만들어진다. 좋은 의사결정이 많으면 더 나은 결과를 가져올 것이고, 좋지 않은 의사결정이 많으면 그에 상응하는 결과를 마주하게 될 것이다.

주식 투자는 나의 의사결정들이 모여 하나의 결과를 낳는다. 매수할지, 매도할지, 보유할지, 일부를 줄일지, 혹은 아무런 선택도 하지 않을지—우리는 매 순간 선택의 기로에 선다.

질투심이라는 불쾌한 감정

시장에는 탐욕과 공포라는 강력한 감정이 투자자의 의사결정에 큰 영향을 미친다. 그러나 그보다 더 미묘하고, 미처 인식하기 어려운 감정이 있다. 바로 '질투심'이다. 이 감정은 은밀하게 우리의 판단을 흔든다.

질투는 결코 원하는 것을 주지 않으면서도 마음을 어둡게 하고, 오래 머무르면 결국 우리를 파멸로 몰고 간다. 투자자들은 자신이 보유하지 못한 주식이 상승하는 모습을 보면 불쾌함을 느낀다. 질투심을 통제하지 못하면 상승하는 종목을 바라보며 버티기 어려워진다. 친구나 가족이 주식 시장에서 큰 이익을 내더라도, 마음 한구석은 기쁘기보다 허전하고 불편하다. 자신도 그만큼의 성과를 내야 한다는 압박감이 밀려온다. 남의 성공을 보며 불안해지고, 조급해진다. 타인의 성과가 곧 나의 실패처럼 느껴지는 왜곡된 사고에 빠지게 된다. 심지어 어떤 종목이 하락하는 것을 보며 안도감을 느끼는 경우도 있다. 인간 내면 깊숙이 자리한, 인정하기 어려운 불쾌한 본능이다.

이런 비교 심리는 현재 상황에 대한 판단을 흐리게 하고, 단기 수익에만 집착하게 만든다. 강한 질투와 시기심은 결국 불안과 우울, 스트레스로 이어지며 합리적인 판단을 방해한다. 감정에 휘둘린 투자는 일관성을 잃고, 크고 작은 실수로 이어지기 쉽다.

성경 속 가인은 동생 아벨의 제물이 받아들여진 것을 보고 자신의 부족함을 돌아보기보다 동생을 시기하고 미워한다. 결국 그는 아벨을 죽이고, 하나님의 저주를 받아 평생을 방황하게 되고 만다. 질투라는 감정은 재정적 손실을 불러오는 것은 물론, 관계를 무너뜨리고 자신을 괴롭게 하며, 때로는 돌이킬 수 없는 선택으로 하도록 만든다.

문제를 해결하고 싶다면, 그 출발점은 언제나 자신을 돌아보는 데 있다. 누구와 경쟁하고 있는지, 왜 조급한지를 묻는 것. 지금 이 자리에서 내가 추구하는 가치가 무엇인지를 다시 묻는 것. 비교는 우리의 감정을 흐리게 하고, 결국 삶의 방향까지 바꿔놓는다. 그 덫을 벗어나야 비로소 자기만의 길이 보이기 시작한다.

기억은 진실보다 감정에 충실하다

탐욕, 질투심, 부러움은 나를 왜곡된 길로 몰아넣는 감정이다.

내가 무인도에서 혼자 살아간다면, 이렇게까지 많은 돈과 화려

한 삶이 필요할까?

나는 왜 이렇게 열심히 살아가는 걸까? 어디까지 가야 만족할 수 있을까?

언젠가는 멈춰서야 하는 건 아닐까?

레프 톨스토이가 쓴 『사람에게는 얼마만큼의 땅이 필요한가』라는 소설에 보면 바흠이라는 이름의 농부가 등장한다. 그는 땅에 대한 욕망이 유난히 컸다. 어느 날, 바시키르인들이 넓은 땅을 헐값에 판다는 소식을 듣고 바흠은 그들을 찾아간다. 그들에게 1,000루블만 내면 땅을 마음대로 차지할 수 있다는 것이었다. 바시키르인들은 바흠에게 하루 동안 마음껏 달려 깃발을 꽂는 만큼의 땅을 주겠다고 제안한다. 단, 해가 지기 전까지 다시 출발지로 돌아와야 한다는 조건을 내건다.

바흠은 뒤도 돌아보지 않고 달리기 시작한다. 무더운 햇볕과 배고픔에도 아랑곳하지 않고, 그는 앞만 보고 달리며 깃발을 꽂아나간다. 그러나 더 많은 땅을 차지하고 싶다는 욕심에 멈추지 못하고 끝없이 나아간다. 결국 해가 지기 전에 출발지로 돌아오지만, 너무나 지친 바흠은 그 자리에서 피를 토하며 쓰러져 숨을 거두고 만다. 바흠의 하인이 그의 시신을 묻을 구덩이 팠는데 그 크기는 2m에 지나지 않았다. 인간의 끝없는 욕망과 집착이 얼마나 어리석은 결말을 초래하는지를 상징적으로 보여주는 이야기다.

욕망에 사로잡힌 사람은 쉽게 멈추지 못한다. 이카루스도 마찬가지였다. 그는 하늘을 나는 즐거움에 취해, "너무 낮게 날면 날개가 바닷물에 젖고, 너무 높게 날면 태양열에 밀랍이 녹는다."는 아버지의 경고를 무시하고 점점 더 높이 날아올랐다.

결국 밀랍이 녹아 날개는 부서졌고, 그는 바다로 추락해 죽음을 맞는다. 농부 바흠도, 이카루스도 결국 원하던 것을 얻지 못한 채 생을 마감한다. 적당함을 잃은 욕망은 언제나 파멸로 이어진다.

욕망은 언제나 더 높은 수익률을 꿈꾸게 만들고, 조급함은 더 큰 기회를 놓치고 있다는 불안감을 자극한다. 남들보다 뒤처지고 있다는 느낌은 쉽게 우리를 위험한 선택으로 내몬다.

기억은 진실보다 감정에 충실하다

탐욕은 눈을 멀게 하고, 질투는 기억을 왜곡시킨다. 이러한 감정은 우리를 눈앞의 이익에 집착하게 만들고, 전체를 보지 못하게 하며, 현실을 있는 그대로 받아들이지 못하게 만든다. 우리는 자신이 무엇을 놓쳤는지보다, 놓쳤다고 믿는 것에 더 크게 흔들린다. 내가 살펴봤던 수많은 종목들 중에서 결국 오른 종목만 또렷이 기억을 하며, 마치 애초에 오를 줄 알았던 것처럼 착각한다. 하지만 실제 일어난 사실은 다르다. 기억은 언제나 감정에 충실하지, 진실에 충실하지 않다

우리는 자신의 기억을 지나치게 과신한다. 일이 벌어진 다음엔 누구나 똑똑해진다. 우리는 너무 자주 잘못된 내용을 사실처럼 기

억할 뿐 아니라, 그것이 왜곡된 기억이라는 사실조차 인식하지 못한 채 확신한다.

물론 우리 뇌에는 해마라는 기억 시스템이 존재하지만, 한계를 지닌다. 인류가 문자를 발명하고 기록을 시작한 것도 이러한 한계를 극복하기 위해서였다. 기억을 외부화하며, 뇌의 부정확함을 보완하기 시작한 것이다. 기억력은 정확하지 않다. 어떤 정보를 다시 떠올린다 해도, 그 내용은 종종 불완전하거나, 왜곡되어 있거나 전혀 다르게 바뀌어 있다. 무엇인가가 우리를 두렵게 하거나, 기쁘게 하거나, 슬프게 하거나, 분노하게 만들면, 그 경험은 더욱 강하게 각인된다. 예를 들어, 교통사고를 당한 순간 느꼈던 놀람과 공포는 수년이 지나도 생생히 떠오르고, 졸업식이나 첫사랑 고백처럼 감정이 벅찼던 순간도 평범한 하루보다 훨씬 또렷이 기억되는 것처럼 말이다.

감정적으로 강렬한 사건이 발생하면, 뇌에서 분비되는 신경전달물질과 호르몬이 기억과 감정을 담당하는 해마와 편도체에 작용해 그 경험을 더욱 강하고 오래도록 저장하게 만든다. 뇌는 이러한 특정 기억에 신경화학적 꼬리표를 붙인다.

특히 편도체(Amygdala)는 공포, 불안, 분노와 같은 감정을 처리하는 역할을 하며, 이러한 감정에 휩싸일 때, 그 경험은 해마를 통해 더욱 깊게 각인된다. 부정적인 감정은 생존과 직결되기 때문에, 뇌는 그런 경험을 더욱 강하게 기억하려는 경향이 있다. 감정이 개입된 기억은 더 쉽게 떠오르게 되는 것이다. 하지만 더 정확하다는 보장은 없다. 우리는 돈을 많이 벌고 나면 돈을 벌기 전의 상태가 어땠는지를 선명히 기억하지 못한다. 돈을 많이 벌수록 씀씀이도 늘어나고, 가난했던 시절의 절제된 소비 습관은 금방 잊는다.

세상은 욕심이 아니라 시기심에 흔들린다

주식시장에서 내 종목은 오르지 않는데 다른 종목이 급등하면, 그 종목을 사지 않은 것을 후회하게 된다. 그 주식을 샀더라면 큰 수익을 냈을 것이라고 착각하는 것이다. 우리는 자신이 하지 않은 선택이 더 나은 결과를 가져왔을 것이라고 착각한다. 내 주식은 안 오르고, 남의 주식만 오를 때 우리는 고통스러운 감정을 느낀다. "그때 그 주식을 샀어야 했는데… 지금은 두 배가 올랐네." 하며 아쉬워한다. 하지만 실제론 선택하지 않은 것에 대한 결과를 이상화해서 기억하고, 현재 상황이 만족스럽지 않으면 과거의 하지 않은 선택을 과대평가하는 것이다.

내가 매수를 고민했던 종목이 모두 주가가 오른 것은 아니다. 망설이다가 매수하지 않은 종목이 급등하면 그 기억은 오래 남지만, 반대로 매수를 고려했던 종목이 하락하면 기억에서 쉽게 사라지고 만다. 우리는 오른 종목만 기억하고, 하락한 종목은 뇌에서 지워버린다. 우리는 감정적 꼬리표가 달린 기억은 쉽게 떠올리지만, 사실이 왜곡되었을 가능성도 있다는 점을 기억하는 것이 중요하다.

시장 분위기가 호전되어 상승장이 시작되면, 질투와 부러움은 투자자들의 마음을 자극한다. 기회를 놓쳤다고 느낀 사람들은 조급해지고, 더 늦기 전에 따라잡으려 한다. 그러나 주가는 단기간에 급등과 급락을 반복한다. 남보다 더 빨리, 더 많이 벌고 싶은 욕심이 커질수록 무리한 추격 매수로 이어지고, 결국 높은 리스크에 노출된다. 시장에 공포가 사라지고 모두가 환호할 때, 투자자들은 탐욕에 빠지기 쉽다. 그러나 "시장은 행복 속에서 죽는다."는 말처럼, 이때가 시장의 정점일 가능성이 크다. 현명한 사람은 처음에 움직이지만, 어리석은 사람은 마지막에 뛰어든다. 머릿속이 명료해야 올바른 판단을 내릴 수 있다. 질투심과 심리적 편향에 빠지면 눈앞의 이익에 흔들리고, 투자 실패로 이어지기 쉽다.

찰리 멍거는 이렇게 말했다.

"우리는 정말 엄청난 발전을 이루었지만, 사람들은 힘들었던 시절보다 지금은 더 불행해 보인다. 이유는 단순하다. 세상은 욕심보다 시기심에 더 많이 움직이기 때문이다. 우리는 모두 이전보다 훨씬 더 잘 살고 있지만, 다른 사람이 더 가졌다는 이유로 불행을 느낀다. 이런 이유로 하나님은 '이웃의 아내나 재물을 탐내지 말라'고 하셨던 것이다. 시기심은 인간 본성에 깊이 박혀 있다."

조급함은 손실을 부른다

인간은 본능적으로 고통과 위협에 민감하다. 수렵채집 시절부터 실수와 실패에 대한 예민함은 생존에 필수였고, 그 본능이 오늘날까지 이어져 우리 안에 깊이 각인되어 있다. 투자시장에서 가격이 하락하면 불안해지고, 손실을 피하려는 충동이 강하게 작용한다. 주가는 실시간으로 그 오르고 내림을 확인할 수 있어 불안은 더욱 증폭된다.

또한 우리 뇌에는 보상회로가 존재한다. 보상, 즉 인센티브를 기대하며 선택하고 행동하도록 설계되어 있다. 더 많은 수익, 더 빠른 결과를 기대하는 것은 자연스러운 일이다. 하지만 이러한 쾌락 중추에 지나치게 의존하면 위험해진다. 과도한 기대와 달성하기 어려운 목표는 좌절과 불안을 낳고, 손실로 이어질 가능성이 높다. 손실은 같은 액수의 이익보다 두세 배 더 크게 고통스럽게 느껴지기에, 우리는 조정장에서 더 큰 불안을 경험하게 된다.

그뿐인가. 인간은 근시안적 본능을 지녔다. 지금 당장 수익이 나야 만족하고, 손실이 계속되면 인내하지 못한다. 워런 버핏 역시 "시장 가치가 20~30% 하락하는 것이 감정적, 재정적으로 고통스럽다면 주식 투자를 해서는 안 된다."고 말한다. 단기적인 조정과 하락은 투자 과정의 일부다. 가격은 항상 변동하며, 매수 후 바로 상승하지도 않는다. 대부분의 상승은 불안과 의심 속에서 시작된다. 이 시기를 견뎌내는 것이 투자 성과로 이어진다.

시장은 상승과 하락이 반복된다. 그 가운데, 투자자는 스스로에게 질문해야 한다. 내가 바라는 수익률은 무엇인가? 연 20~30%의 수익을 목표로 한다면, 그 과정에서 겪게 될 변동성과 공포, 손실을 감당할 수 있는가? 투자자는 자신의 목표와 위험 감수 능력을 명확히 설정해야 하며, 단기적인 변동에 흔들려서는 안 된다. 투자에 손실은 필요비용이다. 시장의 사이클을 이해하고, 탁월한 자산을 장기적으로 보유하면 성과를 낼 가능성이 높아진다. 훌륭한 투자는 타이밍을 맞추려 애쓰는 것이 아니라, 가치 있는 자산을 저평가된 시점에 매수하고, 시간이 흘러 본래 가치를 회복할 때까지 기다리는 것이다. 단기적인 손실과 조정은 피할 수 없지만, 그것을 견디는 자가 끝까지 열매를 가져간다. 시장은 예측하는 대상이 아니다. 피터 린치는 자신만의 인간지표를 가지고 있었지만, 그렇다고 섣부르게 시장을 예측하려 하지 않았다. 그는 남들이 외면할 때 가치를 찾아내고, 훌륭한 기업의 주식을 저렴하게 매수하는 것에 집중했다. 남들과 같은 방향으로만 움직이는 투자자는 결국 시장의 변덕에 휘둘리게 된다.

우리에게 필요한 것은 주어진 것에 대한 만족과 삶에 대한 감사하는 자세다. 인간은 고통에 민감하게 반응하지만, 때로는 지나친 불안이 삶의 평온을 갉아먹는다. 시장은 언제나 변동하고, 손실과 고통은 투자 과정의 일부다. 수익이 났다면 만족하고, 조급함을 버리고 신중하게 다음 선택을 이어가는 태도가 필요하다. 타인의 성공과 자신을 비교하지 않아야 한다. 투자뿐 아니라 인생 전체에서도 마찬가지다. 조정과 고난은 피할 수 없다. 그러나 그것을 회피하지 않고 받아들여, 그 안에서 배우고 단단해질 때, 우리는 더 강해지고, 더 큰 성공과 평안을 누릴 수 있다. 투자에서 질투심과 비교심리를 통제하지 못하면 성공할 수 없다. 다른 사람과 자신을 비교하는 습관을 버리지 않으면 절대로 만족할 수 없다. 누군가는 더 빨리 부자가 될 것이고, 나는 내 속도대로 걸어가야 한다. 누군가의 성공을 질투하기보다, 진심으로 축하해줄 수 있을 때 우리는 감정에 휘둘리지 않고 중심을 잡을 수 있다. 질투는 투자 전략을 흔들고, 불필요한 조급함과 실수를 낳는다. 살아남는 투자자는 인내심과 감사하는 마음, 그리고 '이미 충분하다'고 여길 줄 아는 사람이다.

월가에서 전해오는 유명한 말이 있다. "황소도 돈을 벌고 곰도 돈을 벌지만, 돼지는 도살장으로 끌려간다(Bulls make money, bears make money, but pigs get slaughtered)."

탐욕과 질투는 결국 자신을 파멸로 이끈다는 것을 잊지 말아야 한다.

제 3 장

실수를 피하는 삶이 실패하게 만든다

성공과 성취는
단번에 이뤄지지 않는다.
어쩌면 완벽하고
단번에 이뤄야 한다는 높은 기대치가
성공을 가로막고
있는지도 모른다.

01
넘어질수록 더 단단해진다

불편함을 감수할 때 성장한다

불편함을 감수할 때 성장한다. 고난은 사람을 단련시키고, 위기는 더 강한 개인과 사회를 만들어낸다. 반대로, 풍요는 종종 나태함을 부르고, 그 나태함은 쇠퇴의 시작이 된다.

레이 달리오(Ray Dalio)는 그의 저서 『변화하는 세계 질서(Principles for Dealing with the Changing World Order)』에서, 제국의 역사 속에서도 '번영 → 방심 → 부채 증가 → 내부 갈등 → 쇠퇴 → 붕괴 → 재건'이라는 흥망성쇠 사이클이 반복된다고 설명한다. 즉, 풍요와 안락은 사람과 사회를 나태하게 만들고, 이로 인해 위기가 찾아오고, 그 위기가 다시 강한 개인과 국가를 만들어낸다는 것이다. 풍요는 결핍보다 다루기 어려울 때가 있다.

실패와 시련은 고통에 머물지 않는다. 때로는 그것이 강인함과 성장을 이끄는 원동력이 된다. 유리잔처럼 충격에 쉽게 깨지는 상태를 '프래질(fragile)', 플라스틱처럼 버텨내는 것을 '강건함(robust)'이라 한다면, '안티프래질(antifragile)'은 충격을 받을수록 더 강해지는 성질이다. 마치 운동 후 근육이 이전보다 더 강하게 회복되듯, 인간과 사회 역시 고통을 통해 성장할 수 있다.

물론 모든 고통이 곧바로 성장을 보장하는 것은 아니다. 어떤 이들은 심각한 정신적 충격을 겪은 뒤, 무너져 내리기도 한다. 인생에서 시련과 고난은 피할 수 없고, 우리는 종종 정신적 고통에 관한 끔찍한 이야기들을 듣는다. 극심한 고통은 사람을 무너뜨린다. 외상 후 스트레스 장애(PTSD)는 삶을 망가뜨리는 질병으로 받아들여진다. 큰 고통과 충격은 마음에 상처와 불안을 남기기 때문이다. 건강, 재정, 관계에서 발생하는 문제를 반길 사람은 없다.

하지만 같은 어려움을 겪고도 오히려 더 강해지고, 삶에 대한 태도가 달라지는 이들도 존재한다. 흔히 알려져 있지는 않지만, '외상 후 성장(Post-Traumatic Growth, PTG)'이라는 개념이 있다. 트라우마로 무너지는 경우가 있다면, 트라우마를 통해 더 단단해지고 성숙해지는 안티프래질적인 성장도 분명히 존재한다는 것이다.

우리는 시련과 실패에서 무너지지 않는 법을 배워야 하고, 나아가 그 고통 속에서 더 성장하는 '안티프래질'한 태도를 갖춰야 한다. 우리는 넘어질수록 더 단단해진다.

의지력은 뇌에서 시작한다

신경과학자 앤드류 후버먼 박사는, 사람들이 하기 싫은 일을 감수하고 반복할 때, 자기통제와 인내력에 관여하는 뇌 회로가 실제로 강화된다고 말한다. 그는 이를 뇌의 '전측 중대상피질(aMCC)'이라는 영역과 연결 지으며, 훈련을 통해 뇌가 변화할 수 있다는 점을 강조한다.

운동을 계속하거나, 식욕을 억제하거나, 냉수욕처럼 불편한 활동을 꾸준히 반복하면 뇌는 점점 더 어려움에 강해진다는 것이다. 예를 들어, 차가운 물을 견디는 훈련이나 고소공포를 극복하려는 시도처럼, 본능이 거부하는 상황을 의도적으로 마주하는 것이 핵심이다. 중요한 것은 이런 노력이 일시적이어선 안 되며, 꾸준히 지속되어야 한다는 점이다. 뇌의 이 부분이 잘 발달한 사람들은 음식 조절이 가능해지고, 운동 능력이 향상되며, 심지어 전반적인 건강과 회복력에 긍정적 영향을 줄 수 있다

뇌는 '사용하지 않으면 약해지는' 특성을 가진다. 불편함을 계속 피하고, 어려운 상황을 자꾸 회피하면 이 의지력 회로의 활성도 역시 점점 낮아진다. 한 친구가 30년간 금주하며 "중독에는 치료법이 있지만, 문제는 매일 치료를 받아야 한다."고 말한 것처럼, 의지력 역시 꾸준한 노력과 훈련을 통해 유지되고 길러진다. 연구 결과들은 우리가 aMCC(전측 중대상피질)를 충분히 키울 수 있음을 보여주지만, 노력이 멈추면 다시 약해질 수 있다는 사실도 함께 알려준다.

자주 불편함을 감수하면 의지력은 단련되고, 자꾸 피하면 그 기능은 점점 약해진다. 뇌는 '편함'을 계속 주면, 스스로 어려움을 버틸 필요가 없다고 학습해 버린다.

그래서 쉽고 자극적인 것들(유튜브, 게임, 즉각적 쾌락 등)에 익숙해지면, 점점 더 어려움에 대한 저항력과 의지력이 약해지는 것이다. 그러나 이 회로는 언제든 '훈련'으로 다시 강화할 수 있다.

인간은 본능적으로 편안함을 추구한다. 그래서 우리는 어려움을 장애물로 여기고, 피하고 싶어 한다. 하지만 의도적으로 불편함을 향해 나아가는 것이 나를 강하고 단단하게 만드는 전략이기도 하다.

불편하고 하기 싫은 일을 반복해서 감수하면, 뇌의 이 부위가 강화되어 의지력과 충동조절력이 좋아지고 점점 더 어려움에 강해진다. 초반에는 힘들지만, 반복하면 뇌가 "나는 이런 상황에서도 버틸 수 있다."고 스스로 입증하게 된다. 우리는 본능적으로 문제를 헤쳐 나가는 법을 알고 있다. 결국 인생은 싸워 이겨내야 하고, 견뎌내야만 성장할 수 있다. 인생에서 쉽고 편안한 성공은 존재하지 않는다.

작은 불이 산불을 예방한다

우리의 신체 또한 어느 정도 스트레스를 받으면 더 좋아진다. 무거운 웨이트를 들어야 근육이 단단해지고 강해지며, 달리며 숨이

턱 끝까지 차오를 때 심장은 강해진다. 실제 전투를 경험한 부대가 훨씬 더 빠르고 현실적인 전술을 익히게 된다. 스트레스를 제거하는 것이 반드시 좋은 결과를 만들지 않으며 오히려 해로운 결과를 초래하기도 한다.

사자를 제거하면 나무뿌리를 먹고 사는 염소의 개체수가 늘어 산악 지역의 삼림이 파괴되고 예상치 못한 사태가 발생한다. 소방당국의 산불 예방 전략이 큰 산불을 가져올 수 있다. 작은 산불이 발생하지 않음으로 인화성 물질이 축적되기 때문이다. 약점은 드러나지 않고 조용히 쌓이기만 한다. 오랫동안 실패를 겪어보지 않고 성장만 거듭해 온 기업은 결국 취약해진다.

스트레스를 뒤로 미루는 것은 좋은 생각이 아니다. 불편함, 긴장감, 두려움, 때로는 질투심과 탐욕 같은 감정들은 작은 손실이다. 무작위성에 대한 두려움, 스트레스와 불확실성을 거부하면서 안정적인 것에 대한 집착은 사회적, 경제적 시스템을 더욱 취약하게 만들 것이다.

투자하지 않으면 마음이 편하다. 불필요한 스트레스를 받지 않는다. 무작위적이고 예측이 가능하지 않은 시장에서 멀어져 있기 때문이다. 하지만 이런 안정은 결국 갚아야 하는 대출금과도 같다. 추운 날씨에도 밖에 나가 뛰기를 멈추지 않을 때 의지력이 강해진다. 어려운 문제를 풀어봐야 해결능력이 좋아진다. 행복하려면 결핍이 있어야 한다. 역설적이긴 하지만 만족하려면 부족함을 경험해야 한다. 행복감과 만족감을 느끼려면 고통이 있어야 한다. 인생의 원리가 그렇다. 불편함을 제거하는 것이 더 만족스러운 삶을 만들어내지 못한다. 부서지지 않는 것이 아니라, 내 삶의 일부가 부서지면서 더 강해지는 것이다.

학생을 대상으로 한 실험에서도 시행착오를 통해 더 나아지는 성장을 발견할 수 있었다. 선생님이 반 학생을 두 그룹으로 나누고 A그룹에는 도자기 50개를 만든 학생은 A, 40개를 만든 학생은 B를 받는다고 알려주었다. B그룹 학생들에게는 최고로 잘 만든 작품 한 점만으로 평가한다고 알려주었다. A 그룹은 도자기를 만든 '양'으로, B그룹은 도자기 작품의 '질'로만 평가하기로 정한 것이다. 이제 학기가 끝나고 평가를 해보니 예상외로 미적, 기술적, 섬세함 면에서 최고의 작품을 제출한 학생들은 모두 '양'을 많이 제출하는 것으로 평가받는 A그룹에 속해있었다는 것이었다. 더 많은 도자기를 만들어야 하는 학생들은 그 과정에서 점점 흙을 다루는 일 자체에 능숙해졌던 것이다. 여러 개를 만들어 가며 연습량이 늘고, 깨지고 망가뜨리는 실수를 반복하며 도자기 만드는 기술이 늘어난 것이다. 반면, 작품의 질로만 평가받았던 B그룹의 학생들은 완벽한 도자기 한 점을 제출하기 위해 계획을 세우고 조심스럽게 만들어 갔기에 많이 만들어 보지도 못했고, 실수도 많이 하지 않아 배우는 것이 적었다.

  모든 변화와 성장은 불완전하고 형편없는 것으로 시작한다. 피해가 작은 실수를 여러 번 저지르는 것이 유리하다. 훌륭한 화가가 되려면 먼저 엉망인 그림을 수없이 그려봐야 하고, 여러 개의 초안을 거쳐 마음에 드는 글이 완성되는 것과 같다. 재미있는 소설을 쓰고 싶다면 먼저 재미없는 이야기들을 써봐야 한다. 수익을 내는 투자자가 되려면 손실을 입는 경험부터 얻어야 한다. 언어를 배우는 데 가장 큰 장애는 실수하는 것을 두려워한다는 것이다. 창피하고 부끄러운 마음이 앞설 수 있지만, 그렇게 해서는 절대 배움의 길에 들어서지 못한다. 완벽주의 실수를 허용하지 않는 마음은 성장에 커다란 방해가 된다. 아이들은 넘어짐을 반복하며 일어서기를 배우고, 언어를 빠르게 배우는 이유도 문법과 단어를 고민 없이 말하고, 안 되면 팔짓, 몸짓, 온갖 표정을 통해 소통하려는 과정에서 습득하게 된다.

  시장은 투자자를 불편하게 만든다. 상승과 하락이라는 시장의 변동은 투자자의 심리를 끊임없이 불편하게 만든다. 그러나 이러한 불편함은 반드시 치러야 할 비용이다. 고통을 견디고 대가를 감수하는 이들에게 열매는 돌아온다. 작은 산불은 인화성 물질을 정기적으로 태워줌으로 큰 산불을 예방한다. 풍요로운 시간은 약한 사람을 만들고, 약한 사람은 불행한 시간을 만들며, 불행한 시간은 강한 사람을 만든다. 결국, 인생의 위기와 고통은 나를 더 강하게 만들어 주는 도구일 수 있다. 우리는 불편함을 두려워하는 대신, 그것을 성장의 기회로 삼아야 한다.

서두르면 큰 실패로 이어진다

본문에서 여러 차례 강조하는 핵심은 단기간에 큰 이익을 얻으려는 마음이 결국 실패로 이어진다는 점이다. 한 번에 30%, 40%의 수익을 올리려는 마음을 가져서는 절대로 오랜 시간 시장에 참여하기 어렵다. 버핏이 버크셔헤서웨이를 인수한 1965년부터 50여 년 동안 그의 연평균 수익률은 20% 남짓하다. 전설적인 머니 매니저 피터 린치가 마젤란 펀드를 운용하는 13년간 연평균 수익률은 29.2%다.

주식 투자는 높은 수익률의 유혹이 크다. 하지만 단기간에 높은 수익률을 기대하면 투자가 어렵고 오히려 손실을 보기 쉽다. 급등하는 주식을 쫓고, 고점에서 무리하게 매수하며, 레버리지나 대출을 통해 수익을 끌어올리려는 충동이 강해지기 때문이다.

이제 처음 투자를 시작하며 연평균 20% 이상의 수익을 기대하는 것은 자신이 워런 버핏과 같은 세계 최고의 투자자들과 비슷한 성과를 내겠다는 말이다. 가능할지 모르나 상위 1%의 투자자들이 이뤄낸 투자성과라는 사실을 기억해야 한다. 반에서 1등을 하는 것도, 회사에서 탁월한 성과로 승승장구하고 승진하는 것도 사실 꽹

장히 어려운 일임이 분명하다. 투자에서 중요한 건 큰 수익이 아니라, 큰 실수를 피하는 것이다.

   욕심은 많은데 게으른 사람일수록 자신이 감당할 수 없는 목표를 세우곤 한다.

   주식을 해도 도박처럼 한다. 큰 꿈을 가지고 최선을 다할 수 있다. 주식으로 큰 돈을 벌 수도 있다. 하지만 성급한 사람은 절대 주식으로 성공하지 못한다. 빠르게 성과를 내려고 할수록 계획이 많아지고 할 일도 복잡해진다. 목표가 크면 장기적으로 접근해야 한다. 그것을 이루기 위한 수많은 임무들이 존재한다. 계획하고, 확인하고, 여러 가지를 행동에 옮겨야 한다. 하지만 너무 서두르면 에너지가 소진되고, 준비과정에서 변수가 생기면 전체가 멈추게 된다. 목표가 크면 그 크기에 주눅 들어 힘이 빠지기도 한다. 계획대로 되지 않을 때 실망하고 꿈 자체를 포기하는 경우도 생긴다.

   엔비디아의 젠슨 황은 기대치를 낮추고 고통에 익숙해지라고 조언한다. 그는 SIEPR 경제 서밋에서 "기대가 클수록 회복탄력성은 낮아지기 쉽다. 하지만 회복탄력성은 성공에 반드시 필요하다"고 강조했다. 그는 회사에서도 '고난'과 '고통'이라는 말을 자주 사용하는데, 그것이 바로 인내와 강인함을 단련하는 길이라 믿기 때문이다. 탁월함은 지능이나 영리함이 아니라, 고난을 견뎌낸 경험에서 비롯된다. 그는 우리 모두가 그 고난을 통과할 힘을 길러야 한다고 말한다.

성공과 성취는 단번에 이뤄지지 않는다. 어쩌면 완벽하고 단번에 이뤄야 한다는 높은 기대치가 성공을 가로막고 있는지도 모른다.

바꾸고 번복하는 의사결정 방법

장기적으로 좋은 결과를 내려면 적절한 선택을 한 후 빠르게 실행하고, 잘못됐다고 판단되면 곧 수정하는 것이다. 우리는 의사결정에 필요한 정보를 적극적으로 모으고 필요한 때에 제대로 된 의사결정을 내릴 수 있어야 한다. 만약 (1)나의 선택이 잘못되었다는 것을 알게 되면, (2)새로운 정보를 알게 되거나 (3)상황이 바뀌게 되면 의사결정을 언제든 바꿀 수 있다. 때로는 바꾸고 번복하는 것, 이것이 더 좋은 결과를 내기 위해 필요한 의사결정 방법인 것이다. 성공과 성취를 향해 나아가는 과정에 시행착오, 손실, 실패는 필요비용이다.

사람은 고통과 후회를 통해 배운다. 새로운 것에 도전하고 그래서 실수하고 깨지고 하면서 배우게 되고 더 나은 방향으로 나아가게 된다. 실수와 실패를 통해 많은 것들을 배울 수 있다. 성공을 반복하는 것도 중요하지만, 더 주목해야 할 것은 실수와 실패다. "한 번도 실수한 적이 없는 사람은 새로운 시도를 한 적이 없는 사람이다."라는 아인슈타인의 말도 있지 않은가? 각각의 작은 실패들은 저마다 새로운 가르침을 가져다준다. 실수나 실패를 피할 방법을 찾기보다는 자신의 능력과 지식의 한계를 드러낼 기회를 찾아보는 것으로 새로운 것을 배우고 성장하게 만든다. 안티프래질이다. 빠르게 실패하는 과정에서 배움의 속도가 올라간다.

실리콘밸리 사업가들이 말하는 "failing forward", 실패하며 전진하는 방식은 성공을 위한 기본 전략이다. 신제품을 빠르게 선보이고, 피드백을 받아 약점이나 다른 기회를 찾아내는 과정이다. 많이 시도하고, 실수하고, 다시 도전하는 과정을 통해 성공에 이르게 된다.

수많은 도자기가 깨지고 망가지고 나서야 비로소 훌륭한 도자기가 만들어지듯, 성공도 작은 실패들로부터 완성된다. 여러 개의 초안을 거쳐야 마음에 드는 글이 나오듯이 말이다.

안티프래질해지려면, 실수를 자주하는 환경에 자신을 놓아야 한다. 경험은 내가 원하는 것을 얻지 못했을 때 얻게 되는 것이다.

리스크를 수용하는 것은 도박을 하는 것과 다르다. 실패하더라도 손실이 작은 상황으로부터 혜택을 얻는 상황으로 옮겨가야한다. 실패하더라도 손실은 제한적이고 그 손실의 정도도 이미 알고 있다면, 이것은 작은 시행착오(tinkering)다. 큰 손실을 막아내는 선택이 된다. 시행착오는 잠재적인 보상으로 이어진다.

손실은 필요비용이다

미래를 위한 오늘의 손실

어떤 일이든 결과를 맺으려면 수 많은 시행착오와 실패, 시간이 필요하다. 직장인의 경우 매달 급여를 받으며 즉각적인 보상을 받을 수 있지만, 스타트업이나 사업을 시작하면 초기 실패와 적자와 같은 리스크를 감수해야 하는 시기가 따른다. 이는 단순한 손실이 아니라 장기적으로 시장을 넓히고 기업을 성장시키기 위한 필수적인 과정이다. 테슬라, 스페이스X, 아마존, 넷플릭스 같은 세계적인 기업들도 모두 장기적인 비전과 과감한 투자를 통해 성장했으며, 초기 적자를 감수하면서도 미래 가치를 키워나갔다.

테슬라는 2003년에 설립된 이후 오랫동안 적자를 이어갔다. 그 당시에는 전기차 시장이 거의 열려 있지 않았고, 자동차를 대량으로 생산할 수 있는 공장을 짓고 기술을 개발하는 데 엄청난 비용이 들었다.

특히 배터리 성능을 높이거나, 운전자 없이도 차가 스스로 움직일 수 있도록 만드는 자율주행 기술을 개발하는 데 많은 돈이 투자되었다. 초기 모델이었던 로드스터와 모델 S를 생산하는 과정에서도 여러 가지 기술적 문제와 자금 압박을 겪었다.

게다가 기존 내연기관 자동차가 이미 시장을 장악하고 있던 상황에서 전기차가 자리를 잡기 위해서는 공격적인 마케팅과 전국적인 충전소 설치 같은 인프라 구축이 필수적이었다. 이런 이유들로 테슬라는 설립 후 오랜 시간 적자를 감수해야 했다. 그러나 2020년대에 들어서면서 테슬라는 본격적으로 흑자로 전환되었으며, 전기차 시장을 선도하는 기업으로 자리 잡았다.

스페이스X도 마찬가지다. 일론 머스크가 2002년에 회사를 세운 이후, 오랫동안 적자를 감수해야 했다. 우주 산업은 초기 투자 비용이 엄청나게 크고, 실패하면 손실도 매우 큰 분야였다. 스페이스X는 팰컨 1, 팰컨 9, 그리고 재사용이 가능한 로켓을 개발하기 위해 막대한 비용을 쏟아부었고, 초기 발사 실패로 인해 투자금에도 큰 손실이 발생했다. 팰컨 1의 세 번의 발사가 모두 실패하면서 회사는 로켓 발사 성공 여부뿐 아니라 재정상황 모두 매우 불안정한 상태였다. 하지만 4번째 로켓 발사의 성공으로 재사용이 가능한 로켓 기술을 실현하게 되었고, NASA와 14억 달러 규모의 계약을 따내게 되었다. 이로써 스페이스X는 민간 우주 산업을 선도하는 대표 기업으로 성장할 수 있었다.

아마존 역시 비슷한 길을 걸었다. 제프 베이조스가 1994년에 회사를 창업한 이후, 무려 9년 동안 적자를 기록했다. 하지만 그 시간 동안 아마존은 과감한 시장 확장 전략을 펼쳤다. 경쟁사보다 앞서기 위해 낮은 가격 정책과 빠른 배송 서비스를 도입했고, 고객의 충성도를 높였다. 물류센터를 세우고, 미래 먹거리인 클라우드 서비스(AWS)에도 일찌감치 투자했다. 단기적인 이익보다 장기적인 성장을 우선했고, 이 전략을 주주들에게도 계속 설득했다. 결국 2003년부터 수익을 내기 시작했고, 2010 이후부턴 AWS가 급성장하면서 본격적인 수익 기반이 마련될 수 있었다. 초기의 적자를 감수한 투자가 오히려 성공의 디딤돌이 된 것이다.

수많은 빅테크 스타트업들은 초기 적자를 자연스러운 성장 과정으로 받아들인다. 넷플릭스도 예외는 아니었다. 1997년 DVD 대여 서비스로 시작한 이 회사는 2000년대 초반까지 적자를 이어갔다. 하지만 시대의 흐름을 읽고, 스트리밍 서비스로 과감하게 방향을 바꾸며 엄청난 변화를 맞이하게 된다. 이 전환은 큰 기술적 도전이었고, 이를 위해 막대한 비용이 소요되었다. 초기에 가입자를 늘리기 위해 요금을 낮게 유지했고, 자체 콘텐츠 제작에도 공격적으로 투자했다. 수익은 나지 않았지만, 이 모든 지출은 미래를 위한 투자였다.

그리고 마침내 2010년대 중반, 〈하우스 오브 카드〉, 〈기묘한 이야기〉 같은 오리지널 콘텐츠가 큰 인기를 끌면서 구독자가 폭발적으로 늘어났고, 이후 넷플릭스는 본격적인 수익을 내기 시작했던 것이다.

테슬라, 스페이스X, 아마존, 넷플릭스는 불확실한 상황에서도 미래를 믿고 오랜 시간 손실을 '필요 비용'으로 감수하며 회사를 만들어 나갔다.

성공하는 기업에게 있어 투자는 장기적인 성장을 위해 초기 적자를 감수하면서도 미래 수익을 준비하는 과정이다. 이러한 기업들은 단순히 눈앞에 보여지는 빠른 수익이 아니라 장기적인 계획을 세운다. 단기적인 손실을 두려워하지 않고, 일관된 전략으로 투자를 이어갔다. 그래서 결국 시장을 장악하고 높은 수익을 달성할 수 있었던 것이다. 기업이 성장하기 위해선 단기적 이익보다는 지속 가능한 경쟁력 확보가 훨씬 더 중요하다.

사업가가 기업을 운영하며 막대한 자금을 회사에 투자하고, 변화하는 세상 앞에 인내하고 장기적인 관점을 갖는 것은 말처럼 쉽지 않다. 그러나 테슬라나 아마존 같은 기업들이 초기의 불확실성과 적자를 감수하고 도전할 수 있었던 이유는 지금 당장의 이익보다 미래에 더 큰 성장과 성과를 얻을 수 있다는 믿음이 있었기 때문이다.

'장기적 보상'에 주목하라

이처럼 많은 기업들이 초기의 손실을 감수하고 장기적인 비전을 실현했듯, 개인 투자자에게도 투자 후 단기적인 손실이 있더라도 기다림과 인내의 시간이 필요하다. 투자는 단순히 돈을 불리는 기술이 아니다. 기업에 자금을 투자하고, 그 성장을 함께 나누는 과정이다. 시장의 변동성과 감정의 흔들림은 누구에게나 찾아오는 피할 수 없는 통과의례다.

하지만 우리 뇌는 단기적인 보상에 민감하다. 맛있는 음식을 먹거나, SNS에서 '좋아요'를 받을 때 분비되는 도파민은 투자에서도 우리를 조급하게 만든다. 빠른 수익, 급등주의 유혹, 손실 회피 본능은 복리의 기회를 빼앗아 간다.

감정에 휘둘리는 순간, 투자는 방향을 잃는다. 성공한 기업들이 그랬듯, 투자에서도 진짜 수익은 단기적인 쾌감이 아니라 긴 시간의 기다림 끝에 주어진다. 감정을 통제하고, 미래를 인내하는 사람만이 복리의 기적을 누릴 수 있다. 진정한 수익은 언제나 기다림의 대가로 주어진다. 이를 견디는 힘이야말로 장기적 성과를 가능하게 하는 진짜 실력이다.

개인투자자에게 투자는 단순한 돈벌이가 아니라, 기업의 성장에 자금을 제공하고 그 대가로 이익을 나누는 과정이다. 돈벌이로만 생각하면 기업을 보지 못하고 차트만 보며 도박처럼 사고판다.

이 과정에서 마주하게 되는 시장의 변동성은 성공적인 수익을 얻기 위해 감내해야 할 '비용'과 같다. 불확실성을 피하려는 본능은 자연스럽지만, 이 과정을 거치지 않고는 장기적인 성과에 도달할 수 없다.

단기 트레이딩으로 빠른 수익을 추구하거나 급등주를 쫓을 때, 몇 번의 성과는 있을 수 있다. 하지만 한두 번의 실수로 큰 손실을 입게 되면, 복리의 혜택을 누리기도 전에 시장에서 이탈하게 된다. 감정에 휘둘리기 쉬운 환경에서, 시장의 급격한 움직임은 투자자를 쉽게 무너뜨린다. 반대로 감정적 자극에 흔들리지 않고, 꾸준히 장기적 관점을 유지하는 전략은 진정한 수익의 기회를 제공한다.

진정한 수익은 저렴할 때 산 최고의 기업이, 오랜 기다림 끝에 안겨주는 보상이다.

얼마만큼의 리스크를 감수할 수 있을까

우리는 얼마만큼의 리스크를 수용할 수 있을까? 어디까지 도전할 수 있을까? 리스크를 수용하는 데 제한이 하나도 없어 보이는 일론 머스크란 천재 사업가를 조금 더 살펴보자.

그는 1995년 Zip2를 창업하고, 1999년 이를 컴팩에 3억 7천만 달러(약 5천억 원)에 매각해 약 2,200만 달러(약 300억 원)를 손에 쥐었다. 이후 1999년 X.com을 설립한 그는 페이팔과의 합병 및 매각을 통해 약 1억 8천만 달러(약 3천억 원)의 지분 수익을 얻게 된다. 이 자금은 훗날 머스크가 본격적으로 추진한 민간 우주 개발 사업의 밑거름이 된다. 그는 2002년 스페이스X를 설립하고, 2004년에는 전기차 회사 테슬라에 초기 투자자로 참여해 최대 주주가 되며 경영에 뛰어든다.

머스크는 창업과 매각, 다시 새로운 창업으로 이어지는 과정을 반복했다. 그에게 중요한 것은 안정된 성공이 아니라, 새로운 가능성이었다.

머스크는 위험을 피하기보다 오히려 그 한가운데로 뛰어드는 사람이다. 그는 위기를 회피하기보다 기회로 삼아 돌파하려는 강한 집념과 추진력을 가진 혁신가에 가깝다. 새로운 세상을 만들고자 하는 비전, 그리고 그것을 실제로 실현해 내는 실행력을 동시에 갖춘 인물이다. 그러나 이런 도전적인 성향은 때때로 회사 투자자들에게 불안함을 안겨주었고, 그는 Zip2와 페이팔에서 두 번이나 CEO 자리에서 물러나야 했다.

스페이스X와 테슬라를 이끌면서도 그는 외부의 위험 요소를 세

밀하게 통제하기보다는 '미션 완수'에 집중하는 스타일을 고수했다. 이러한 머스크의 다소 무모해 보이는 경영 방식은 많은 이들의 이해를 얻기 어려웠고, 결국 2008년 그는 생애 최대의 위기를 맞이하게 된다. 모든 것이 동시에 무너질 듯한 순간이었다.

2008년 8월 3일, 스페이스X는 세 번째 로켓 '팔콘 1호'를 발사했다. 그러나 로켓은 궤도 진입에 실패하고 폭발했다. 이는 2006년 첫 번째 발사 실패 이후 세 번 연속 실패한 것이었고, 회사의 자금도 거의 바닥난 상황이었다.

당시 일론 머스크는 개인적으로도 극심한 위기에 몰려 있었다. 첫 번째 아내와 이혼한 직후였고, 스페이스X와 테슬라 모두 아직 수익을 내지 못하고 있었다. 설상가상으로, 미국에서는 서브프라임 모기지 사태로 금융 위기가 한창이었고, 추가 자금을 구하는 것도 거의 불가능했다. 머스크의 두 번째 아내 탈룰라(Talulah Riley)는 그 시기 머스크가 밤마다 거칠게 잠꼬대를 하고, 팔을 휘두르며 비명을 지르는 모습을 공포 속에서 지켜봤다고 전한다.

그는 스트레스로 구토를 하거나 소리를 지르기 일쑤였고, 평소 누구보다 강했던 그의 정신력도 한계에 다다른 상태였다. 머스크는 더는 물러설 곳이 없는 벼랑 끝에 서 있었다.

그때, 뜻밖의 손길이 머스크를 다시 일으켜 세웠다.

한때 그를 CEO 자리에서 물러나게 했던 피터 틸(Peter Thiel)—

팔린티어의 창업자이자, 과거 페이팔 공동 창업자—그리고 그의 동료들이 만든 '파운더스 펀드'가 2,000만 달러를 투자한 것이다. 이 투자 덕분에 스페이스X는 마지막 기회라 생각하며 네 번째 로켓 발사를 준비할 수 있었다.

만약 이번에도 실패했다면, 스페이스X는 문을 닫아야 했고, 민간 기업의 우주 개척이라는 꿈은 끝났을 것이다. 그러나 두 달 뒤, 기적 같은 일이 벌어졌다.

네 번째 로켓은 마침내 궤도에 진입하는 데 성공했고, 스페이스X는 민간 기업 최초로 자체 제작한 로켓을 우주에 쏘아 올린 회사로 기록되었다. 발사 성공의 순간, 팀원들은 환호했고 머스크는 두 팔을 하늘로 치켜들었다. 현장에 있던 동생 킴벌은 끝내 눈물을 흘렸다.

그리고 같은 해 12월, 또 하나의 전환점이 찾아왔다. 스페이스X는 NASA와 우주정거장 보급 임무 계약을 맺었고, 그 규모는 무려 16억 달러에 달했다. 이 계약으로 스페이스X는 완전히 반전에 성공했다.

2008년 테슬라

하지만 이것으로 위기가 해결된 것은 아니었다. 그의 또 다른 회사 테슬라는 여전히 재정적자와 회사 운영 위기에서 벗어나지 못하고 있었다.

테슬라는 2003년 마틴 에버하드와 마크 타페닝 등이 설립했고, 머스크는 이듬해 초기 투자자로 합류했다. 그러다 2008년, 초기 창업자들과의 경영 문제로 충돌했고 그들이 회사를 떠나면서 머스크가 CEO로서 직접 경영을 맡게 된다.

당시 테슬라는 적자를 계속 내고 있었고, 차량을 제대로 생산할 수 있는 시스템도 갖춰지지 않은 상태였다. 회사는 직원 급여도 제때 주기 어려웠고, 머스크는 고객들이 예약금으로 낸 차량 예치금까지 회사 운영 자금으로 돌려써야 할 정도로 궁지에 몰려 있었다. 그럼에도 그는 주식을 더 발행해 지분을 희석시키기보다는 부채를 감수하면서라도 회사를 살리려는 선택을 했다.

언제나처럼 벼랑 끝 전술이었지만, 기회는 찾아왔다. 독일 자동차 회사 '다임러(Daimler AG)'가 테슬라와 배터리팩 납품 계약을 체결하며, 5,000만 달러 규모의 지분 투자를 결정하게 된 것이다.

머스크는 "그 투자가 없었다면 테슬라는 파산했을 것"이라고 말한다. 이후 2010년, 테슬라는 또 한 번 새로운 기회를 얻게 된다. 머스크는 캘리포니아 프리몬트에 위치한 토요타의 폐공장을 4,200만 달러에 인수하고, 이어 IPO(기업공개)를 통해 약 2억 6,600만 달러의 자금을 유치하면서 본격적인 대량 생산 체제를 갖추게 된 것이다. 머스크는 자동차의 설계, 디자인은 물론 제조 공정과 재료 선택까지 꼼꼼히 챙겼다. 그는 공장의 조립 라인을 직접 감독하며 생산 품질 향상에 집중했다.

두 회사가 모두 파산 직전까지 몰렸던 2008년은 머스크에게 가장 고통스럽지만 동시에 결정적인 전환점이 된 해였다. 이후에도 두 회사는 끊임없이 실패와 좌절을 겪었다. 스페이스X는 펠컨 9호 개발 이후에도 재사용 로켓 착륙에 수차례 실패하며 기술을 다듬었고, 테슬라는 2017년 모델 3 대량 생산 과정에서 '생산 지옥'이라 불릴 만큼 심각한 차질을 겪었다. 그럼에도 머스크는 언제나 벼랑 끝 전략을 택했고, 실패를 감수하는 방향으로 회사를 이끌어왔다.

일론 머스크와 같은 사람은 모든 것을 잃을 각오로 도전하며 회사를 운영한다. 그는 균형보다 리스크를 택하고, 확실함보다 가능성에 투자한다. 지구에 사는 80억 명 중 이런 특별한 사람은 아주 극소수 존재한다. 이들은 세상을 바꾸는 이들이다.

투자자 모두가 머스크처럼 위험에 맞설 수는 없다. 모두가 그런 특별함을 갖추지는 못한다. 하지만 리스크를 대하는 자세는 우리 모두에게 필요하다. 예측하지 못한 위기는 언제든 우리 모두에게 닥칠 수 있고, 때로는 자신이 아무리 준비해도 다가오는 위기는 막을 수 없는 경우도 많다. 중요한 것은 위기를 완전히 피하려 하기보다, 그것에 대처할 수 있는 태도를 갖추는 것이다. '안티프래질(Antifragile)'이란 단순히 스트레스에 버티는 것이 아니라, 오히려 어려움 속에서 더 강해지는 것을 뜻한다. 수많은 스타트업이 그러하듯, 일론 머스크도 도전과 리스크 감수로 위기를 넘었다. 투자는 리스크를 감수하는 것이다. 그리고 그 과정은 투자자를 더욱 단단하게 만들 것이다.

진짜 원하는 것을 얻으려면

만족을 느끼려면 결핍이 필요하고, 행복을 깊이 느끼려면 고통이 전제되어야 한다. 지금 내가 느끼는 불만과 부족함은 단순한 부정적 감정이 아니다. 그것은 더 나은 성장을 위한 출발점이 될 수 있다. 진정으로 원하는 것을 향해 나아갈 때, 결핍과 고통은 강력한 추진력이 된다.

투자도 마찬가지다. 리스크를 감수하지 않는 투자에서 성과는 있을 수 없다. 고수익을 기대한다는 것은 더 큰 위험을 받아들이겠다는 의미이고, 수익을 얻으려면 일정 수준의 안정성은 내려놓아야 한다. 우리는 본능적으로 눈앞의 이익에 민감하다. 수익이 나지 않으면 조급해지고, 사지 않은 종목이 오르기 시작하면 뒤처졌다는 불안이 마음을 흔든다. 이런 감정적 불편함은 투자 판단을 흐리게 만드는 가장 큰 장애물이다.

하지만 손실의 고통, 기회를 놓친 아쉬움, 타인의 성공에 대한 질투, 잘못된 선택에 대한 후회 같은 감정은 누구에게나 찾아온다. 중요한 건 그런 감정을 없애는 것이 아니라, 어떻게 받아들이고 다스리느냐다. 투자에서 성과를 내려면 감정 관리라는 보이지 않는 비용을 치러야 한다. 감정을 통제하는 힘은 단순한 기술이 아니라 실력 그 자체다.

우리는 만족을 원하지만, 그것은 쉽게 무뎌진다. 익숙해진 순간, 감동은 사라지고 감정은 둔감해진다. 진정한 만족은 부족함을 견뎌본 사람에게만 의미를 갖는다. 행복은 고통을 동반할 때 깊어지고, 성과는 손실을 감내할 때 비로소 온다. 결국 어떤 선택이든 무언가를 얻기 위해선 다른 가능성을 포기해야 하며, 이 원리는 투자뿐 아니라 인생 전반에 적용된다.

가치 있는 것을 얻으려면 감정적이든, 재정적이든, 육체적이든 불편함을 견디는 힘이 필요하다. 훌륭한 의사결정이란, 더 나은 것을 위해 기꺼이 무언가를 내려놓을 수 있는 태도다. 우리가 얻고자 하는 그 무엇도 감내 없이 주어지지 않는다.

실수는 피할 수 없다. 중요한 건 그 실수를 어떻게 받아들이느냐다. 잘못된 판단은 더 나은 선택을 위한 힌트가 되고, 시행착오는 성장을 위한 디딤돌이 된다. 파도에 흔들릴지언정, 가라앉지 않는 사람이 되어야 한다.

결국, 인생은 트레이드오프(trade-off)의 연속이다. 얻는 것이 있다면 반드시 내려놓아야 할 것도 있다. 아무 대가 없이 얻어지는 것은 없다.

03
회복 가능한 실패여야 한다

틀려도 무너지지 않는 선택

모든 선택은 불완전하다. 우리는 언제든 틀릴 수 있다. 그래서 정말 중요한 것은 '항상 옳은 선택'이 아니라, 틀렸을 때도 무너지지 않는 구조를 갖추는 것이다. 그리고 만약 선택이 옳았다면, 그 보상이 충분히 크도록 설계되어 있어야 한다. 누구나 일론 머스크처럼 극한의 위기와 불안을 견딜 수 있는 것은 아니다.

따라서 리스크를 감수할 때는 그 위험이 감당 가능한 수준인지, 그리고 상황이 예상과 다르게 흘러가더라도 내 삶이 회복 불가능한 상태에 빠지지 않도록 준비되어 있는지를 먼저 점검해야 한다. 상황은 우리 예상대로 흘러가지 않는다.

공매도로 유명한 투자자 조지 소로스는 원래 철학자가 되기를 꿈꿨지만, 생계를 위한 현실적인 이유로 투자의 세계에 발을 들이게 되었다. 그는 1944년 아직 열네 살도 되지 않았을 때, 나치 독일이 헝가리를 점령하면서 유대인이라는 이유만으로 강제 수용소와 학살의 위협에 직면하게 된다. 상상조차 하기 힘든 끔찍한 일이 현실이 되었다.

그는 살아남기 위해서 위조된 신분증을 사용해 다른 사람으로 가장하며 숨어 지냈고, 거짓말과 즉흥적인 판단, 그리고 계속해서 바뀌는 상황에 빠르게 적응하는 능력을 통해 목숨을 건질 수 있었다. 그는 이러한 경험을 통해, 상황은 언제든 바뀌고, 어떤 선택도 절대적으로 안전하지 않으며, 살아남기 위해선 매 순간 빠르게 판단하고 유연하게 대응해야 한다는 사실을 체득하게 된다. 그는 언제든 잘못된 판단이 치명적 결과로 이어질 수 있는 환경 속에서 살아남았다.

이후 그는 시장에 투자를 하면서도 "모든 선택은 불완전하다. 우리는 언제나 틀릴 수 있다고 생각하며 행동한다."고 고백한다. 그래서 그는 항상 위험을 제한하면서, 성공 가능성이 높은 곳에 집중했다. 언제든 실수가 치명적인 결과로 이어질 수 있는 극한 상황을 살아낸 경험 때문일 것이다. 그의 이러한 방식은 손실은 작게, 보상은 크게 하는 선택이라 할 수 있다.

이러한 전략은 투자에만 적용되는 것이 아니다. 고대 그리스의 철학자 탈레스 역시, 당시 사람들이 철학을 하는 이들은 결국 돈이 없으니 철학을 하는 거라 비난하자. 자신의 선택이 틀렸을 때 손실은 작지만, 옳았을 때 보상은 클 수 있는 전략을 짰다. 탈레스는 수확 철이 오기 전에 저렴한 값으로 모든 올리브 압착기의 사용 권리를 사들였다. 즉, '옵션'을 사들였던 것이다. 계절이 바뀌고 올리브 수요가 폭증하자, 그는 그 권리를 높은 가격에 되팔아 짧은 시간 안에 큰돈을 벌어들일 수 있었다.

그는 작은 비용으로 큰 보상을 기대할 수 있는 선택지를 확보했고 충분한 보상을 얻을 수 있었던 것이다. 그는 철학자도 원하면 부자가 될 수 있다는 사실을 입증한 뒤, 다시 원래의 철학적 삶으로 돌아간다.

'옵션적 선택'은 선택이 옳지 않았을 때 손실을 작게 하고, 성공했을 때 누릴 수 있는 보상이 충분한 선택을 하는 것이다. 이는 나심 탈레브가 강조한 '안티프래질(Antifragile)' 개념의 핵심이기도 하다.

안티프래질한 투자 시스템은 다음과 같은 특징을 갖는다.

- 하나에 올인하지 않는다.
- 작고 사소한 시행착오(tinkering)를 통해 끊임없이 배우고 수정한다.
- 실패해도 치명적이지 않은 구조를 만든다.

삶의 방향을 정하는 중요한 선택에서도 마찬가지다. 우리는 앞으로 일어날 일에 대한 완벽한 예측을 하려 애쓰기보다는 때로 경험하게 되는 실패를 수용하고 그 결과를 보고 배우는 자세가 필요하다. 옵션은 '틀렸을 때도 괜찮고, 맞으면 크게 이익을 보는 구조'를 만드는 방법이고, 작고 사소한 시행착오(tinkering)팅커링은 그 안에서 작게 실험하며 배우는 과정이다. 예컨대, 본질적으로 탁월한 기업인데 주가가 폭락하고 또다시 폭락했다면? 그 주식을 사는 것은 손실을 감당할 수 있는 범위 안에서 최대의 보상을 노리는 선택이 될 수 있다.

손실은 제한하고, 보상은 극대화하는 방향으로 자산을 배분하는 전략이야말로, 통제 불가능한 외부 충격이 빈번하고, 비합리적으로 움직이는 시장 안에서 우리가 선택할 수 있는 가장 합리적인 대응이 될 수 있을 것이다.

선택이 어려운 이유는 본질적으로 불확실성을 내포하기 때문이다. 아무도 정확한 예측을 할 수 없다. 불확실성이 없다면 선택하는 것이 어렵지 않을 것이다. 주식시장에 안전하고 확실한 것은 없다. 우리가 집중해야 할 질문은 '무엇이 정답인가?'가 아니라, '틀렸을 때도 괜찮은가?'이다.

리스크를 수용하는 것은 도박을 하는 것과는 다르다

주식시장에서는 내 자산이 3분의 1토막, 심지어 반토막 나는 고통을 경험할 수도 있다. 버핏의 버크셔 주가 역시 50% 이상 하락한 적이 여러 번 있었다. 주가 하락은 주식 투자에서 전혀 이상한 일이 아니다. 적어도 시세표상에서 회사의 가격은 하루에도 수없이 오르내린다. 이런 단기적인 변동은 종종 투자자들에게 심각한 심리적 압박을 안긴다. 특히 투자한 금액이 클수록 그 고통은 더 크게 다가온다. 그래서 많은 사람들은 주식 투자를 도박처럼 위험하다고 생각하기도 한다.

하지만 투자에서 리스크를 감수하는 것은 무모한 베팅과는 다르다. 내가 투자한 회사를 이해하고, 그 기업의 가치가 저평가되었다고 판단했다면, 그 투자는 오히려 훌륭한 결정이라 할 수 있다. 리스크를 감수한다는 것은 예측 불가능한 결과에 모든 것을 거는 것이 아니라, 충분한 분석과 확신을 바탕으로 감내 가능한 위험을 받아들이는 것이다. 실패와 그에 따른 고통, 그리고 리스크를 안고 의사결정을 내리는 과정은 장기적인 보상을 위한 필수 절차다.

인생도 그렇겠지만, 투자는 아이러니하게도 공격적이지 않으면 돈을 벌 수 없고, 방어적이지 않으면 그 돈을 지킬 수 없다. 성공적인 투자자라면 누구나 어느 시점에서 큰 손실과 두려움을 경험했다는 사실을 잊지 말아야 한다. 시장에 확실한 것은 존재하지 않는다. 아무리 안전해 보이는 투자라도 큰 손실로 이어질 수 있고, 그 과정에서 두려움에 압도되기도 한다. 중요한 것은 이러한 불확실성과 두려움을 인정하고도 리스크를 감내하는 선택을 하는 것이며, 그 과정 속에서 예상치 못한 성공이 주어지기도 한다.

많은 사람들은 오히려 눈에 보이지 않는 리스크에는 무감각하다. 대표적인 예가 인플레이션이다. 단기적으로는 거의 감지되지 않지만, 장기적으로는 자산 가치를 확정적으로 깎아 먹는 진짜 리스크다. 예를 들어, 현금으로 자산 대부분을 장기간 방치할 경우, 실질 구매력은 매년 2~3%씩 감소한다. 연평균 3%의 물가상승률이 지속된다면, 1억 원은 10년 뒤 약 7,400만 원, 20년 뒤에는 약 5,400만 원의 가치로 줄어든다. 예금이 약간의 이자를 주더라도, 실질 가치의 손실을 막기엔 역부족이다. 부동산이나 주식처럼 장기적으로 물가보다 더 빠르게 상승하는 자산과 비교하면 그 격차는 더욱 커진다.

물론 현금은 단기적으로 유용한 리스크 헤지 수단이다. 갑작스러운 시장 침체나 개인적 위기 상황에서 현금은 생존을 가능하게 해준다. 워런 버핏 역시 단기 국채 같은 안전자산에 일정 비율을 배분하며 유동성을 유지한다. 특히 높은 이자율로 발행된 단기채는 예기치 못한 위기를 대비하는 현명한 도구가 될 수 있다. 하지만 자산 대부분을 원화 현금으로 장기 보유하는 것은 '보이지 않는 손실'을 확정하는 선택일 수 있다.

실패를 두려워하면 오히려 더 큰 실패를 피할 수 없게 된다. 손실을 피하고 리스크 없이 수익만 얻으려는 태도는 시장을 오해한 것이다. 실패와 시행착오는 불가피하며, 그것을 감수할 수 있는 태도야말로 장기적인 보상을 가능하게 만든다. 물에 젖지 않고 강을 건널 수 없고, 걷지 않고 산에 오를 수 없다. 모든 시도는 의미가 있으며, 실패는 끝이 아니라 성장의 필수 과정이다. 때로 실패는 더 큰 위험을 미리 예방하게 해주는 값진 수업이 되기도 한다.

실패는 언제나 감당이 가능한 수준이어야 한다. 시스템 전체를 무너뜨리는 실패가 아니라, 회복이 가능한 손실이어야 한다. 나심 탈레브는 안티프래질해지기 위한 전략으로 '옵션'과 '시행착오'의 중요성을 강조한다. 그가 말하는 안티프래질이란, 혼돈과 예측 불가능한 상황 속에서 오히려 더 강해지는 시스템을 뜻한다. 이러한 시스템은 작은 손실을 감수하면서도 큰 이익을 기대할 수 있는 선택들에서 만들어진다. 작은 시행착오를 '팅커링(tinkering)'이라 부르며, 시행착오를 통해 점진적으로 보상을 추구하는 방식이라 설명한다.

결국 장기적인 이익을 얻기 위해서는 좋은 것을 유지하고, 나쁜 것은 과감히 버릴 수 있는 합리적인 의사결정이 필요하다. 성공은 한 번의 정답이 아니라, 반복적인 시행착오를 통해 배우고 적응해 나가는 과정 속에서 만들어진다. 실패 없는 성공이란 존재하지 않으며, 감내할 수 있는 작은 손실은 더 나은 미래를 위한 투자다.

실패한 음식점이 다음 창업자에겐 소중한 참고가 되고, 항공 사고의 분석이 다음 세대 비행기의 안전을 높이는 것처럼, 모든 산업은 수많은 실패 위에 세워졌다. 중요한 것은 실패 그 자체가 아니라, 실패를 해석하고 피드백을 얻는 태도다. 실패를 피해자로서 해석하고 세상 탓만 한다면, 그것은 단지 고통스러운 기억으로 남을 뿐이다. 그러나 자신을 돌아보고, 자신의 투자 습관과 판단 기준을 점검하는 사람은 실패를 성장의 디딤돌로 삼는다.

돈은 단순히 벌어들인다고 내 것이 되는 것이 아니다. 그것을 관리할 능력과 태도가 있을 때 비로소 '내 돈'이 된다. 수익이 날 때는 겸손하게 그것이 '나의 실력'이 아닌 삶의 선물임을 기억하고, 손실이 반복될 땐 내 의사결정과 감정의 흐름을 정직하게 직면할 수 있어야 한다. 리스크를 수용한다는 것은 무모하게 베팅하는 것이 아니다. 실패를 감수하되, 장기적으로 보상이 따르는 선택을 지속하는 것이다. 그것이 도박과 투자를 가르는 결정적인 차이다.

회복 가능한 실패여야 한다.

최악의 경우에 대비하라. 레이 달리오는 "도저히 받아들일 수 없는 사건의 확률이 0인지 확인하라."고 말한다. 비행기의 사고 확률이 1%라고 해도 우리는 안심하지 못한다. 극히 낮은 확률이라도, 그 결과가 치명적이라면 결코 무시할 수 없다. 실제로 여객기의 사고 확률은 수십만 분의 1에도 미치지 않는다.

충격에는 종류가 있고, 그 강도에 따라 전혀 다른 결과를 초래한다. 한 번에 포도주 일곱 병을 마시는 것과 하루에 한 병씩 나눠 마시는 것은 분명히 다르다. 탁자 위에서 떨어진 컵은 산산이 깨지지만, 비틀거리기만 한 컵은 멀쩡하다. 이처럼 충격의 강도와 방향에 따라 결과는 달라진다. 사람의 인생도 마찬가지다.

사람은 실수나 실패를 통해 배우게 된다. 하지만 여기서 말하는 실패는 단번에 파산하게 만드는 치명적 실패가 아니다. 다시 일어설 수 있는 실패, 시스템 전체를 무너뜨리지 않는 작은 실패여야 한다. 회복 가능한 실수, 다시 경기장에 설 수 있는 실패는 오히려 사람을 더 강하게 만든다. 실패 없는 도전은 없고, 도전이 없는 삶에는 성장이 없다.

도전하는 사람은 여전히 실패한다. 단 한 번의 실패 없이 성공을 향해 달리는 사람은 오히려 그 단 한 번의 실패로 모든 것을 잃기 쉽다. 우리는 실패를 환영해야 한다. 작은 실패를 자주 경험해야 한다. 실패 자체를 피하려 하거나, 실패를 두려워한 나머지 도전조차 하지 않게 되면, 결국 가장 큰 실패를 하게 된다.

주식 투자에서 실수와 실패는 피할 수 없다. 주식시장은 확률의 세계다. 성공하는 투자자들도 주기적으로 손실을 경험하고, 좌절을 맞고, 예기치 못한 사건을 견뎌낸다. 때로는 큰 폭락을 겪기도 한다. 피터 린치는 이렇게 말한다. "열 종목 가운데 일곱 종목에서 기대만큼 실적이 나오면 기쁘고, 여섯 종목에서만 실적이 나와도 감사하다." 열 종목 가운데 여섯 종목만 수익이 나와도 충분히 좋은 수익률을 얻을 수 있다는 말이다. 주식 투자는 모든 종목이 성공할 수 없다는 전제를 깔고 가는 게임이다. 중요한 것은 몇 번의 실패에도 포기하지 않고, 끝까지 살아남아 복리의 힘을 누리는 것이다.

고대 이집트 사람들은 나일강 수위가 가장 높았던 때를 표시해 두고, 다음 홍수에 대비했다고 한다. 하지만 그들은 이보다 훨씬 더 심각한 재앙은 고려하지 않았다. 과거에 발생했던 최악의 사건은 늘 그 이전보다 더 심각했다. "이전에 이런 일이 없었다."는 말은 아무런 도움이 되지 않는다. 역사는 끊임없이 새로운 최악의 사건을 기록해 왔다.

한 로마 철학자는 이렇게 말했다. "어리석은 이들은 자신이 보았던 가장 높은 산을 세상에서 가장 높은 산이라 믿는다." 블랙스완은 바로 이런 상황을 뜻한다. 예측할 수 없고, 충격적인 사건. 마치 하얀 백조만 존재한다고 믿고 있었는데, 어느 날 검은 백조가 나타나는 것처럼, 우리가 상상조차 하지 못했던 일이 벌어지는 것이다.

과거의 경험이 늘 미래를 보장해 주지는 않는다. 금융시장에서는 이런 블랙스완이 주기적으로 발생하며, 예측 불가능한 위기를 초래한다. 그렇다면 과거에 시장을 뒤흔들었던 블랙스완들은 어떤 것이 있었을까? 예상치 못했던 몇 가지 금융위기를 간단히 살펴보자.

주요 금융위기 블랙스완 사례 회복 시간

사건명	발생 시점	주요 충격/배경	전고점 회복까지 걸린 시간
1929년 대공황	1929년 10월	과도한 레버리지, 은행 붕괴	약 25년 (1954년 회복)
1973-74 오일 쇼크	1973년~1974년	금본위제 종료, 중동 전쟁, 유가 폭등	약 8년 (1980년경 회복)
1987년 블랙 먼데이	1987년 10월 19일	프로그램 매도, 과도한 차입	약 2년 (1989년 초 회복)
1997년 아시아 외환 위기	1997년	단기 외채 의존, 통화 급락	약 3년 (한국 기준 2000년 회복)
2000년 닷컴 버블 붕괴	2000년 3월~2002년	기술주 거품, 실적 미달, 나스닥 -78%	약 15년 (나스닥은 2015년 회복)
2008년 글로벌 금융 위기	2008년 9월	부동산 부실, 금융기관 도산, 시스템 리스크	약 5년 5개월 (2013년 3월 회복)
2020년 코로나 팬데믹	2020년 3월	팬데믹, 봉쇄, 공급망 붕괴	약 5개월 (2020년 8월 회복)
2022년 러-우 전쟁 & 인플레	2022년 2월~	전쟁+인플레이션+금리 급등	약 2년 3개월 (2024년 7월 회복)

블랙스완은 예측할 수 없지만, 언제든 발생할 수 있다. 오늘이라도 개인과 사회를 뒤흔들어 놓을 예상치 못한 사건이 터질 수 있다. "이전에 이런 일은 없었다."는 말은 아무 소용이 없다. 과거에는 정책 대응이 느리고, 투자 참여자도 제한적이라 회복에 시간이 오래 걸렸지만, 요즘은 연준의 통화정책, 미 정부의 재정정책, 그리

고 자동화된 매매 시스템의 확산으로 인해 시장이 위기 후 빠르게 회복되는 구조가 만들어지고 있다

하지만, 우리는 본질적으로 불확실성 속에서 살아가고 있기에 리스크 관리와 대비는 선택이 아니라 필수다. 금융시장의 변동성 역시 예외가 아니다. 언제나 경각심을 놓쳐서는 안 된다.

역사를 돌아보면, 시장은 이미 수차례 거대한 충격을 겪어왔다. 1929년부터 시작된 미국 대공황은 10년 넘게 이어지며 전 세계적으로 극심한 경제 침체를 초래했고, 수많은 사람들의 삶을 파탄으로 몰아넣었다. 1970년대 닉슨 대통령의 금본위제 폐지와 중동 오일 쇼크로 인한 시장 위기 역시 투자자들에게 큰 타격을 주었다. 이 시기, 찰리 멍거와 릭 게린조차 자산이 반토막 났다. 특히 릭 게린은 마진콜 압박에 버크셔 주식을 워런 버핏에게 헐값에 매도해야만 했다. 주식 투자는 단기간에 큰 수익을 얻을 수 있는 매력적인 방법으로 알려져 있지만, 동시에 자산을 크게 잃을 수 있는 위험 또한 내포하고 있다.

나일강이 가장 높았던 수위를 기록한다고 해서 다음 홍수를 막을 수 없는 것처럼, 과거의 최악의 시기만 기억하는 것으로는 대비가 되지 않는다. 아무리 탁월한 회사의 주식을 저렴한 가격에 매수했더라도, 시장의 변동성 앞에서는 손실 구간을 견뎌야 할 때가 반드시 오기 마련이다. 시장에는 안전하고 확실한 것은 존재하지 않는다. 때로 예상치 못한 대형 사건이 발생한다.

취약성은 통제할 수 있다

블랙스완은 피할 수 없다. 위험은 통제할 수 없다. 그러나 취약성은 통제할 수 있다.

나심 탈레브가 정의한 '안티프래질'은 무작위성과 무질서, 불확실성 속에서도 이익을 얻는 것을 의미한다. 이를 위해서는 무엇보다 살아남아야 한다. 인생은 우리가 생각하는 것보다 훨씬 더 복잡하고 정교하게 얽혀 있으며, 예측할 수 없는 사건이 언제든 일어날 수 있다. 그렇기에 취약성을 인정하고, 불확실성에 대비할 준비를 해야 한다.

주식시장이 무작위적이고 불규칙하듯, 우리 인생 역시 예측할 수 없다. 감정을 제거할 수도 없고, 불확실성을 통제할 수도 없다. 결국 중요한 것은, 불확실성을 없애려 하기보다 그 안에서 버텨낼 수 있는 구조를 만드는 것이다. 무작위적인 사건은 사전 예고 없이 찾아온다. 발생하는 순간 대응하려고 하면 이미 늦다. 충격을 견디고 버텨낼 준비가 되어 있지 않으면, 시스템은 쉽게 붕괴된다.

탈레브 자신도 철저히 취약성을 피하며 살아간다. 그는 금연을 하고, 설탕을 멀리하며, 오토바이나 자전거처럼 치명적 사고 위험이 높은 것들은 타지 않는다. 미숙한 조종사가 모는 비행기도 타지 않는다. 죽음에 이를 만한 치명적 리스크는 애초에 허용하지 않는다.

그러나 그 외 영역에서는 직업적, 개인적 리스크를 기꺼이 감수한다. 핵심은 치명적 위험을 피하면서도, 나머지 불확실성은 받아들이고 그 안에서 더 강해지는 것이다.

특히 탈레브는 평판에 지나치게 취약한 직업을 경계한다. 만약 누군가의 비난 한마디에 내 생계가 흔들린다면, 평판을 관리하는 데 에너지를 쏟기보다 그 직업에서 빠져나오는 편이 낫다. 평판은 내가 통제할 수 없는 것이다. 우리가 관리할 수 없는 것에 인생을 걸어선 안 된다. 투자도 마찬가지다. 시장은 언제나 불확실하다. 우리는 그 불확실성을 없앨 수 없다. 그러나 그 불확실성 속에서도 무너지지 않는 시스템을 만들 수는 있다. 안전하려면, 취약한 구조부터 피해야 한다. 투자에서든, 인생에서든 반드시 필요한 것은 바로 안전마진이다. 그것이 리스크 관리의 본질이다.

안전마진: 보이지 않는 위기에 대비하는 법

미국 주식시장은 지난 10년, 20년 동안 평균적으로 연 15% 안팎의 복리 수익률을 기록했다. 이는 약 5년마다 자산이 두 배로 불어난다는 의미다. 이런 성장성을 고려하면, 시장이 15% 내외로 조정받을 경우 매수 기회로 삼을 수 있으며, 20% 이상 하락하는 약세장에서는 더욱 적극적인 매수 전략이 유효하다.

하지만 과거가 미래를 보장하지는 않는다. 예기치 못한 '블랙스완'은 언제든 등장할 수 있다. 그렇기에 언제든 꺼내 쓸 수 있는 유동성 자산, 즉 비상자금을 7:3 또는 8:2 비율로 보유해두는 것이 중요하다.

리스크란, 상상 가능한 모든 시나리오에 대비한 뒤에도 여전히 남아 있는 불확실성이다. 그것은 "우리가 원하는 대로 되지 않을 가능성"이며, 바로 그 가능성이 자산을 위협한다. 보이지 않는 리스크에 대응하려면, '안전망'을 갖춘 점프를 준비해야 한다.

비행기에서 뛰어내릴 때 낙하산이 있는 것과 없는 것은 엄청난 차이다. 아무리 능숙한 공중그네 곡예사라도 새로운 묘기를 연습할 때는 아래에 반드시 안전망을 설치한다. 이 안전망은 단순히 낙상을 막는 장치가 아니라, 심리적으로 도전을 가능하게 하는 기반이 된다.

역사를 돌이켜보면 블랙스완은 반복되어 왔다.

시장은 수없이 충격을 받아왔고, 과도한 레버리지에 의존하거나 고평가 자산을 보유했던 투자자들은 매번 큰 손실을 입고 시장에서 퇴장당했다. 준비되지 않은 투자자는 예기치 못한 위기에 무너진다.

워런 버핏은 『현명한 투자자』에서 8장과 20장을 특히 중요하게 여긴다. 8장은 시장을 인격화한 '미스터 마켓'을 통해 감정적 반응이 아닌 이성적 대응을 강조한다. 20장은 '안전마진' 개념을 통해, 항상 여유 있는 가격에 투자하라고 조언한다. 시장의 감정적 출렁임을 견뎌낼 수 있으려면, 투자자는 언제나 심리적·재정적 여유를 갖춰야 한다.

안전마진은 단순히 싼 가격에 사는 기술이 아니다. 그것은 불확실한 상황에서도 무너지지 않도록 사전에 준비해 두는 일이다. 우리는 시장을 통제할 수 없지만, 리스크는 최소화 할 수 있다. 진짜 위기는 하락이 아니라, 회복할 기회를 잃고 시장에서 밀려나는 것이다.

실패를 피하는 삶이 오히려 당신을 실패하게 만든다

하지만 지나치게 안전한 투자를 하라고 권하는 것은 지나치게 위험한 투자를 하라고 권하는 것만큼이나 무책임한 일이다. 직장에서 안정적인 급여만으로는 부자가 되기 어렵다. 그렇다면 어떤 길이 있을까? 유산을 물려받거나, 부자와 결혼하는 것이다. 그러나 이 두 가지 모두 내 노력만으로는 이룰 수 없다. 세상에 없던 아이템으로 창업해 성공할 수도 있지만, 대부분의 사람들에게 창업은 너무 위험하거나 실현 가능성이 낮은 선택지다. 결국 우리가 선택할 수 있는 가장 현실적인 길은 투자다.

투자를 하지 않고 퇴직금만 바라보며 노후를 준비한다면, 인생의 후반기는 생각보다 비참해질 수 있다. 그러나 투자도 노력 없이 결실을 맺지 않는다. 철저히 배우고, 위험을 감수할 때 비로소 성공의 가능성이 열린다. 물건이나 서비스를 구매할 때는 정해진 비용만 지불하면 되지만, 자산을 산다는 것은 그 자체로 손실의 위험과 수익의 가능성을 함께 떠안는 일이다.

위험을 감수하지 않으면, 자신을 성장시키는 선택은 절대 할 수 없다. 반대로 위험을 감내하고 그것에 당당히 맞설 때, 우리는 나약함에서 벗어나 더 큰 기회를 잡을 수 있다.

"나를 죽이지 못한 것은 나를 더 강하게 만든다"는 말처럼, 고통과 실패의 경험은 우리의 사고방식을 바꾸고, 삶의 태도를 단련시킨다. 전투를 경험해본 자만이 진짜 전쟁에 대비할 수 있듯, 다양한 실패와 시련 속에서 문제 해결 능력과 회복력이 길러진다.

젠슨 황(Nvidia CEO)은 여러 연설과 인터뷰에서 "고통을 경험하라", "고통과 고난이 위대함을 만든다"는 메시지를 반복해 강조했다. 그는 "위대함은 인격에서 나오고, 인격은 똑똑함에서가 아니라 고통을 겪은 경험에서 형성된다(Greatness comes from character. Character isn't formed out of smart people. It's formed out of people who suffered)"고 말하며, 고난이 인간을 단련시킨다고 했다. 또 "나는 지금도 사내에서 '고통과 고난(pain and suffering)'이라는 표현을 즐겨 쓴다(To this day, I use the phrase 'pain and suffering' inside our company with great glee)"며, 이를 회사의 문화로까지 확장하고 있다. 그는 수많은 실패와 위기 속에서 단련되었고, 엔비디아를 AI 시대를 이끄는 대표 기업으로 성장시켰다.

투자뿐 아니라 인생도 마찬가지다. 때로는 감당하기 어려운 고통과 위기가 찾아온다. 그러나 그런 순간에 우리가 선택할 수 있는 길은 많지 않다. 그저 견뎌내는 것. 그것뿐이다. 결국 우리에게 필요한 것은, 손실과 고통 속에서도 다시 일어설 수 있는 회복력이다.

찰리 멍거도 그러했다. 그는 첫째 아들 테디가 백혈병으로 서서히 세상을 떠나는 과정을 지켜봐야 했다. 당시 백혈병은 불치병이었다. 멍거는 훗날 이렇게 회고했다.

"제 인생을 통틀어, 서서히 자식을 잃어가는 것만큼 고통스러운 경험은 없었습니다."

아들을 잃고 그는 몸무게가 5~8킬로그램 빠질 정도로 쇠약해졌고, 한동안 정상 체중조차 회복하지 못했다고 털어놓았다. 매일 몇 시간씩 길을 걸으며 눈물을 흘렸지만, 그는 결코 멈추지 않았다. 포기하지 않았다.

찰리 멍거뿐만 아니다. 벤저민 그레이엄, 벤저민 프랭클린 역시 첫째 아들을 병으로 잃었다. 우리는 성공한 사람들의 화려한 모습만 보지만, 그들이 어떤 고통과 시련을 겪으며 살아왔는지는 잘 모른다. 알려고 하지도 않는다.

그러나 성공한 사람이든, 그렇지 않은 사람이든 인간은 유한하다. 되돌릴 수 없는 상실과 감당하기조차 어려운 고통도 있다. 하지만 결국 우리는 견뎌야 한다. 눈물을 흘려도 멈출 수 없다. 포기할 수 없다. 그것이 유일한 길이다.

인생이나 투자에서 고난, 실패, 어두운 시기를 두려워하고 피하려 한다면, 결국 더 심각하고 치명적인 실패를 겪을 가능성이 높아진다. 실패를 피하려는 태도는 경험과 교훈을 얻을 기회를 놓치게 하고, 작은 문제를 제대로 다루지 못해 결국 더 큰 문제로 이어지게 만든다. 그러나 고통과 실패를 피하지 않고 받아들이며 다시 일어서는 과정 속에서 우리는 더욱 강해지고 성장할 수 있다.

　파괴되지 않은 실패와 아픔은 우리를 더 강하게 만든다. 무언가를 이뤄낸 사람들은 우리가 실패자라 여기는 이들보다 훨씬 더 많은 실패를 겪었다. 차이는 실패를 다루는 방식에 있다. 어떤 사람은 예상과 다른 결과에 쉽게 포기하지만, 현명한 사람은 그것을 배움과 성장의 기회로 삼는다. 그들은 혼란과 불확실성조차 과정의 일부로 받아들이며 멈추지 않는다.

　실패를 감수할 용기가 있을 때에야, 우리는 진정한 성공을 향해 나아갈 수 있다.

제 4 장

시장은 운과 실력의 경계에서 움직인다

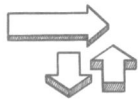

미래는 확신할 수 없다.
세상에 안전하고 확실한 것은
존재하지 않는다. 주식시장은
내가 노력한다고 그만큼의 결과를
만들어내는 장소가 아니다.
이곳은 우리가 통제할 수 없는
영역이 존재한다.

01
예측하는 인간의 능력을 결코 믿지 않는다

가이코의 성공

워런 버핏은 2013년 버크셔 해서웨이 주주 서한에서 자신이 평생 동안 400~500개의 주식에 투자했지만, 실제로 그의 재산 대부분을 가져다준 투자는 10여 회사에 불과했다고 밝힌 바 있다. 버핏은 코카콜라, 웰스파고, 아메리칸 익스프레스, 애플과 같은 몇몇 성공적인 투자 사례를 언급하면서, 대부분의 투자는 평균적인 수익률을 기록했다는 점을 강조했다. 그의 말은 투자의 현실을 명확하게 보여준다. 투자는 항상 성공하는 것은 아니며, 손실 가능성도 높다. 큰 수익을 낼 때도 있지만, 손실이 나서 고통스러울 때도 있다. 수많은 회사에 투자하지만, 모든 사례에서 엄청난 수익을 거둔 것도 아니다. 주식 투자에 확실하고 안전한 것은 없다.

버핏의 스승이자 가치투자의 아버지로 알려진 벤저민 그레이엄 역시, 단지 가치투자 원칙을 충실히 따랐기 때문만이 아니라, 보험 회사 가이코의 주식을 대량 보유한 덕분에 큰 투자 성과를 거둘 수 있었다.

1948년 그레이엄과 뉴먼은 투자 파트너십인 그레이엄-뉴먼 코퍼레이션을 통해 712,000달러에 가이코(GEICO) 지분 50%를 인수했고 오랫동안 매각하지 않았다. 그들의 가치투자 전략과는 맞지 않은 결정이었다. 그들은 자신들의 투자 원칙에 따라 낮은 가격에 매입할 수 있는 기업만 찾았고, 일반적으로 한 종목에 5% 이상 투자하지도 않았다. 투자 이후에는 주식 가격이 내재 가치를 넘어서면 매각하고 다른 저렴한 회사를 찾았다.

하지만 가이코(GEICO)의 경우, 자산의 20% 이상을 집중 투자하였고, 내재 가치를 넘어서도 매각하지 않고 장기간 보유했다. 그들의 원칙에 따르면, 매우 위험한 투자 전략이었다. 하지만 원칙에서 벗어난 그레이엄과 뉴먼의 판단은 그들에게 엄청난 성공을 가져다 주었다. 가이코(GEICO)는 그 후 가파른 성장을 이루었고, 그레이엄과 뉴먼의 투자금액은 200배 이상의 수익을 거두게 되었다.

그레이엄은 가이코(GEICO) 투자로 이룬 성공에 대해 자신이 정말 운이 좋았던 것인지, 탁월한 결정을 내렸던 것인지 정말 구분하기 어렵다고 이야기한다. "…one lucky break, or one supremely shrewd decision – can we tell them apart? – may count for more than a lifetime of journeyman efforts."

미래는 확신할 수 없다. 세상에 안전하고 확실한 것은 존재하지 않는다. 주식시장은 내가 노력한다고 그만큼의 결과를 만들어내는 장소가 아니다. 이곳은 우리가 통제할 수 없는 영역이 존재한다. 우리 인생도 그렇지만 내 뜻대로 세상이 돌아가지 않는다. 세상살이가 원래 그렇다. 특히 투자나 사업과 같은 분야는 외부 영향이 크고, 기술적 능력과 훌륭한 의사결정만으로 성공할 수 없다.

인생은 운에 크게 좌우된다

물론 분야에 따라 운과 실력이 미치는 영향은 다르다. 예측 가능한 영역에서는 실력이 결정적이고, 변수가 많은 영역에서는 운이 더 크게 작용한다. 100m 달리기나 체스와 같은 분야는 체계적인 훈련과 전문가의 피드백을 통해 실력을 쌓아야 한다. 승패는 실력으로 결정된다. 그러나 사업, 주식, 인생과 같이 외부 변수의 영향이 큰 영역에서는 운이 더 큰 비중을 차지한다.

『운과 실력의 성공 방정식』의 저자 마이클 모부신은 이렇게 말한다. 외부 변수의 개입이 적은 분야라면 반복 훈련을 통해 실력을 쌓아야 한다. 그러나 운의 비중이 큰 분야에서는 "과정 자체를 실력으로 간주하는 것"이 효과적인 전략이라고 한다. 결국 반복해서 올바른 선택을 하는 능력, 그것이 진짜 실력일 수 있다는 것이다.

인생은 운에 크게 좌우된다. 커다란 성공조차 사소하고 언뜻 연관 없어 보이는 작은 행동에서 비롯되는 경우가 많다. 스티브 잡스는 대학을 중퇴한 뒤 의미 없이 수강했던 캘리그래피 수업이 훗날

맥킨토시 컴퓨터의 아름다운 서체와 UI에 결정적인 영향을 주었다고 회고했다. 넷플릭스의 창업자 리드 헤이스팅스 역시 비디오 연체료 40달러라는 불편한 경험에서 출발했다. 단순한 불만 하나가 전 세계 콘텐츠 소비 방식을 바꾸는 혁신으로 이어졌던 것이다. 스티브 잡스의 말처럼 "점들은 미리 연결할 수 없지만, 시간이 흐르고 나면 모두 연결돼 있었다."(You can't connect the dots looking forward; you can only connect them looking backwards.)

이처럼 우리가 하는 여러 가지 일들은 살아가는 동안에는 그 결과가 잘 보이지 않지만, 시간이 지나면 하나의 궤적으로 연결된다. 그래서 다양한 것을 배우고 시도해 보는 일이 중요하다. 때로는 작고 만만한 목표를 하나씩 이루어가는 일상이, 예기치 못한 성취의 길로 이어지는 행운을 가져다주기도 한다.

역사 속 기술 발전도 마찬가지다. 증기 기술은 고대 그리스에도 존재했지만, 당시에는 금속을 다듬거나 힘을 전달하는 기술이 부족해서, 증기 기술이 실제 생활에 잘 쓰이지 못했다. 하지만 산업혁명 시기에는 철을 잘 만드는 방법과 기계를 정밀하게 만드는 기술, 그리고 석탄 같은 연료를 쉽게 얻고, 공장에 꾸준히 공급할 수 있게 되면서, 증기기관은 공장이나 기차, 배처럼 여러 분야에서 널리 활용될 수 있었다. 어떤 기술이든 그것을 뒷받침하는 환경과 조건이 갖춰져야 실현 가능하다.

일론 머스크가 만약 그가 지금과는 다른 시대에 태어났거나, 어린 시절부터 기술과 사업에 관심을 가질 수 있는 환경이 주어지지 않았다면, 스페이스X와 테슬라는 존재하지 않았을지 모른다. 그가 고대에 태어났거나, 물론 좋은 부모는 아니었지만 에롤 머스크 같은 아버지를 두지 않았다면 말이다. 우리는 누구도 태어날 시대, 나라, 부모를 선택할 수 없다. 하지만 그것이 때로는 인생의 방향을 좌우하는 가장 결정적인 조건이 된다.

그럼에도 불구하고 우리는 끊임없이 선택해야 한다. 인생은 통제할 수 없는 '운의 영역'과 통제 가능한 '선택의 영역'이 얽혀 있다. 결국 내 삶은 내가 반복해서 어떤 선택을 해왔는지로 구성된다.

투자는 외부 변수에 크게 영향을 받지만, 장기적으로 좋은 결과를 얻기 위해선 과정을 실력의 일부로 받아들이고 좋은 선택을 반복해야 한다. 성과를 높이기 위해 할 수 있는 것이 있다면, 탁월한 회사를 찾아 기회가 주어질 때(저렴할 때) 지분을 모아 장기간 보유하는 것이다. 물론 최선의 선택이 항상 좋은 결과를 보장하지는 않는다. 실패도 하고, 실수도 한다. 하지만 성공을 향한 여정 자체를 실력의 일부로 여긴다면, 회복 가능한 실패는 다시 일어설 수 있는 자산이 된다. 감정적 반응이 아닌 의식적인 선택을 반복한다면, 그러한 선택들이 쌓여 결국 더 나은 결과로 이어진다. 작은 실수는 문제를 인식하고 고칠 수 있는 기회를 주며, 지혜로운 선택이 누적되면 실패는 오히려 과정이 된다. 우리는 앞날을 내다보며 모든 걸 계획대로 연결할 수는 없다. 하지만 시간이 지나 뒤를 돌아보면 그 모든 경험이 결국 의미 있게 연결되어 있다는 것을 알 수 있게 된다.

좋은 선택이 모여야 한다

주식 투자는 외부 변수의 영향을 크게 받는다. 아무리 앞선 기술과 탄탄한 재무구조를 갖춘 최고의 기업이라도, 새로운 경쟁자나 정부 정책, 시대 흐름의 변화 앞에서는 손실을 피하기 어렵다. 단기적인 위기에 몰릴 수도 있다. 그러나 유능한 경영진은 종종 그런 위기를 돌파하며 회복의 계기를 만든다. 만약 기업에 대한 확신이 흔들린다면, 큰 손실이 나기 전에 더 나은 기업으로 갈아탈 수도 있다.

투자에서 실력이 있다면 올바른 선택을 얼마나 자주 반복하느냐일 것이다. IMF, 2008년 금융위기, 2020년 코로나와 같은 충격 속에서 어떤 결정을 내렸는지가 한 사람의 인생을 바꾼다. 확률이 유리할 때는 과감히 투자하고, 불리할 때는 자금을 줄이며 현금을 확보하는 것 ― 그것이 현명한 전략이다. 핵심은 이길 때는 크게 이기고, 질 때는 작게 지는 구조를 만드는 데 있다. 현명한 투자는 '크게 이길 수 있는 순간'에 집중하는 것이다. 모두가 두려움에 휩싸여 시장에서 떠나 있을 때는 손실 가능성은 낮아지고, 오히려 큰 보상을 받을 확률이 높아진다. 투자자들이 공포에 빠져 있다면, 시장은 이미 바닥을 통과하고 있을 가능성이 크다. 반대로 탐욕이 시장을 지배할 때는 하락의 위험이 가까워졌다는 신호일 수 있다. 이런 상황에서는 시장이 외면받을수록 더 공격적으로 대응하고, 반대로 시장이 과열될수록 자금을 줄이며 조정에 대비해야 한다.

하방은 제한되고 상방은 열려 있는 구조, 즉 손실은 작고 수익 가능성은 큰 상황을 노리는 것이 좋은 투자 전략이다. 이는 옵션적 사고이며, 실패의 여지를 감내하며 반복적으로 실험해 나가는 '팅커링(tinkering)'의 방식이기도 하다. 시장에 두려움이 클 때는 손실이 제한되지만, 욕망이 극대화될 때는 오히려 더 큰 손실로 이어질 수 있다.

주식 투자에서도 손실이나 실패는 불가피하다. 하지만 그것이 감당 가능한 수준이라면, 오히려 '팅커링'이라 부를 수 있다. 다시 회복할 수 있고, 그 과정을 통해 배우고 성장할 수 있는 실패는 장기적으로 소중한 자산이 된다.

운이 지배하는 듯한 시장 속에서도, 투자자는 반복된 '좋은 선택'을 통해 실력을 축적할 수 있다. 두려움, 탐욕, 질투, 무리 본능 같은 본능적 감정에서 조금씩 벗어나며 보다 합리적인 선택을 이어갈 수 있다면, 결국엔 운보다 더 강한 힘을 만들어낼 수 있다.

예측하는 인간의 능력을 결코 믿지 않는다

사람들은 날씨 예보는 잘 믿지 않으면서도, 금융 전문가들의 말은 의외로 쉽게 신뢰한다. 하지만 정치, 경제, 사회처럼 운의 영향을 많이 받는 복잡한 분야에서 전문가들의 예측은 대체로 형편없다. 그럴 수밖에 없다. 복잡한 시스템일수록 정확한 예측은 거의 불가능하기 때문이다. 환율, 주가 흐름, 원자재 가격 등 수많은 변수가 얽힌 경제 전반을 꾸준히 예측할 수 있는 사람이 있다면, 그는 책을 팔거나 강연을 다닐 필요가 없을 것이다. 물론 단기적으로 특정 구간에서 예측이 맞는 경우는 있다. 그러나 장기적으로 일관되게 맞추는 사람은 없다.

그래서 시장을 예측한다고 말하는 전문가가 있다면, 그의 과거 예측 결과까지 함께 살펴봐야 한다. 대부분은 자신이 틀린 기록은 지우고, 맞힌 사례만 강조한다. 혹은 예측이 틀렸던 이유에 대해 그럴듯한 변명을 덧붙인다. 실제로는 큰 실수와 오류를 반복한 이들이 대부분이다. 피터 린치도 예외는 아니었다. 그는 1987년 시장 폭락을 전혀 예측하지 못했다고 고백한다. 그리고 그 수많은 경제 전문가들 중 단 한 사람도 사전에 경고해 준 이는 없었다고 했다. 최고의 펀드 매니저였던 그조차도 시장이 크게 오르거나 내릴 때마다 늘 놀랐다고 말한다. 침체가 온 이후에는 "이미 예측했다."고 주장하는 사람들이 쏟아지지만, 정작 그전에 미리 경고한 사람은 거의 없다. 결국 일이 벌어진 다음에는 누구나 똑똑해진다.

우리는 예측하는 인간의 능력을 결코 믿지 않아야 한다. 예측은 헛소리거나, 누구나 이미 아는 내용인 경우가 대부분이다. 가장 흔란을 가져다준 사건, 뉴스에 가득 채운 사건은 언제나 예상하지 못한 사건이다. 가장 큰 사건이 무엇인지 알았다면 대비할 수 있었을 것이고, 그 위험에 준비되었다면 그 일은 더 이상 그렇게 위험한 일이 아니게 된다. 앞으로 일어날 가장 큰 위기는 예상치 못한 일, 누구도, 뉴스도 언급하지 않았던 그 무엇이 될 것이다. 언제나 가장 큰 위험은 아무도 예상하지 못한 내용들이다. 예상하지 못했기에 준비하거나 대비하지 못했고, 그래서 위험이 현실이 됐을 때 피해가 엄청나다.

블랙스완 위기는 예측할 수 없다. 투자의 전설 레이 달리오는 예측은 틀릴 수밖에 없다고 말한다. 예측이 실현되는 시점 사이에 수많은 사건이 발생할 수 있기 때문이다. 그는 예측하고 모든 것을 걸었고, 모든 것을 잃는 경험을 했다. 1982년 8월, 멕시코가 국가 채무 불이행을 선언했을 당시, 그는 미국 시장 붕괴를 예상했지만, 완전히 틀렸다. 미국 경제가 위험해질 것으로 예상했지만 경제는 성장했고, 물가는 하락했다. 그는 당시 모든 것을 잃었다. 이들은 이제 예측하지 않는다. 확률을 따진다.

주식시장에 안전하고 확실한 것은 없다. 정확한 예측은 불가능하다. 단지 미묘한 선택의 차이가 결과를 바꿀 뿐이다. 대가들의 선택에 큰 차이가 있는 것이 아니다. 미묘한 차이가 쌓여 커다란 차이를 만들어내었을 뿐이다. 대가들의 예측이 다 맞지는 않는다. 서로 다르게 예측하고 다양한 실패와 성공에도 노출되어 있다. 소로스는 닷컴 버블로 수십억 달러를 손해 보았지만, 파운드화 공매도로 큰 수익을 올리기도 했다. 워런 버핏은 수많은 투자에서 평균적인 수익을 냈을 뿐이고, 몇몇 회사에서 큰 수익을 보았다. 멍거도 알리바바에 큰 비중으로 투자했지만, 주가 하락으로 손해를 보기도 했다.

다음은 버크셔 해서웨이의 주요 하락 시기다.
1973년~1974년:
당시 미국 증시는 심각한 침체기를 겪고 있었다.
이 기간 동안 버크셔 해서웨이의 주가는 약 50% 하락했다.
2000년~2001년:
IT 버블 붕괴로 인해 많은 기술주들이 급락했다.
이때 버크셔 해서웨이의 주가도 약 50% 하락했다.
2008년~2009년:
글로벌 금융 위기로 인해 전 세계 증시가 폭락했다.
이 기간 동안 버크셔 해서웨이의 주가는 50% 이상 하락했다.

버크셔 해서웨이의 주가가 50% 이상 하락한 적은 역사적으로 세 번 있었다. 첫 번째는 1973~1974년의 주식시장 침체 동안이었고, 이 시기에는 미국 경제가 스태그플레이션에 빠져 전반적인 하락을 겪었다. 앞서 말한 대로 이 기간 릭 게린은 마진콜을 해소하기 위해 버크셔 주식을 헐값에 버핏에게 매도해야 했다. 두 번째는 2000년대 초 닷컴 버블 붕괴 시기였으며, 이때 IT 버블 붕괴로 인해 많은 기술주들이 급락했다. 이때 버크셔 해서웨이의 주가도 약 50% 하락했다. 버크셔는 기술주에 적은 투자를 했음에도, 주가가 50%가량 크게 하락했다. 세 번째는 2008년 글로벌 금융위기였고, 이 시기에 금융시장의 붕괴로 버크셔의 주요 자산들도 타격을 받았다.

시장에는 예상치 못한 정치적, 경제적 변화가 있고, 변수들이 존재한다. 파산은 전설의 트레이더 제시 리버모어의 전문이다. 그의 글을 보면 파산 경험이 한두 번이 아니다. 코스탈로니는 2번 이상 파산하지 않은 자는 투자에 대해 말할 자격이 없다고 말한다. 모든 대가들은 실패를 바탕으로 자신들의 경력을 쌓아올렸다. 대가들도 서로 다르게 예측하고 틀리거나 맞기도 한다. 대가들의 다른 점이 있다면, 이들은 선택하고 상황이 예측대로 움직이지 않을 때, 신속하게 대응하는 능력이 있다는 것이다. 기만하게 기업을 다시 살피고 위험이 감지되면 과감히 매도하고 위기를 벗어나기도 하지만, 때론 훨씬 큰 규모로 비중을 늘리기도 한다.

사람들은 듣고 싶은 것만 듣는다. 수많은 이들은 자신의 마음을 위로해 주고 정당화시켜 주는 말에 더 끌린다. 자기 확증 편향이라고 한다. 자신이 지지하는 정당의 뉴스만 보고, 상대 정당의 뉴스는 거짓이라고 생각한다. 자신의 생각과 일치하는 정보에만 주목하고 다른 의견이나 정보는 무시하려는 심리적인 현상이다.

고대 로마인들은 자신이 세운 다리 밑에서 일정 기간을 보내야 한다고 생각했다

이토록 많은 거짓 전문가들이 방송을 계속 이어갈 수 있는 이유는 그들을 소비해 주는 대중이 있기 때문이다. 이들 허위 전문가들은 자신들이 주장해 온 말이 틀렸다는 게 확인이 되어도, 정부정책으로 인해 갑작스런 위기 때문이라고 주장한다. 이제 맞고 틀리고는 더 이상 중요하지 않다. 자신을 지지하는 이들과 함께 분노의 화살을 누군가에게 돌리고 책임을 회피한다. 예언자들은 자신을 추종해 온 이들과 함께 책임을 외부로 돌리고 대중의 분노를 유도한다. 많은 이들이 그들의 달콤한 말에 속아 넘어가고 있다. 자신과 생각이 같거나 그렇게 되기를 소망하는 마음으로 자칭 전문가들의 주장에 동참한다. 안타까운 사실은 잘 속아 넘어가는 사람은 자신이 속기 쉬운 사람이라는 사실을 알지 못한다는 것이다.

방송에서 자신 있게 말하는 이들의 말은 믿음직스럽게 들리지만, 정작 경기를 제대로 예측하지는 못한다. 특히 TV나 유튜브 채널에 자주 등장하는 이른바 '전문가'들의 말은 신중히 들어야 한다. 그들은 상황에 따라 말을 바꾸고, 과거 영상의 제목을 바꾸거나 아예 삭제하기도 한다. 예측이 틀린 내용은 조용히 묻어두고, 운 좋게 맞힌 예측만 반복해서 강조한다. 그러니 시청자는 그들이 실제보다 훨씬 유능하다고 착각하게 된다.

지금도 많은 사람들은 TV나 유튜브에 나와 종목을 추천하는 이들의 말을 듣고 투자 결정을 내린다. 혹은 자신이 이미 보유한 종목에 대해 그들이 어떻게 평가하는지에 집중한다. 하지만 이들의 수익은 대개 투자 수익이 아니라, 유튜브 채널의 조회 수나 강의료, 출연료에서 나온다. 결국 말로 돈을 버는 사람의 말에 기대어 투자를 결정하는 셈이다.

자신의 이익을 위해(유튜브, 책 수입 등) 순진한 사람들에게 허황된 마음을 심어주는 행위는 경계해야 한다. 거짓말도 반복되면 진실처럼 들린다. 사람들에게 거짓을 믿게 만드는 방법은 거짓말을 반복하는 것이다. '반복 노출 효과(mere exposure effect)'다. 친숙함이 진실과 혼동될 수 있다. 정치인, 권위적인 기관, 마케팅 관계자들은 이 사실을 잘 알고 있다. 거짓 예언자들의 말에는 확신이 있다. 사람들은 불확실한 상황에서 확실한 정보를 갈망한다. 예언자들의 확신 있는 주장이 마음에 안정을 가져다준다.

지금 글을 쓰고 있는 카페 한쪽에서 누군가 사주 상담을 받고 있다. 자신의 불안을 털어놓자, 상담자는 사주를 근거로 확신에 찬 조언을 건넨다. 늦둥이 동생의 사주를 보는 듯한데, 운동이나 몸을 쓰는 일을 하면 잘 풀릴 거라고 말한다. 관운도 있다며, 그 사람의 미래에 대해 단정적으로 말한다. 얼핏 들으면 꽤 그럴듯하다.

바로 옆에 앉아 있다 보니 어쩔 수 없이 그 대화를 듣게 되는데, 어떻게 몇 가지 정보만 가지고 한 사람의 인생에 대해 이토록 확신 있게 말할 수 있는지, 솔직히 놀라울 따름이다. 그는 지금, 그 학생의 인생을 예언하고 있다.

권력과 재물을 가진 사람들조차 불확실한 상황 앞에서는 무엇인가에 의지하고 싶어 한다. 예측하는 이들은 언제나 확신에 차 말하지만, 그 확신은 대부분 정확성과는 무관하다. 단지 전문가처럼 보이기 위한 장치일 뿐이다. 결국 사람들은 자신의 불안과 불확실함을, 자신감 있게 말하는 누군가를 통해 위로받고 싶은 것이다.

지금은 연애 상담까지 이어졌다. 주술가는 "남자 친구가 40대까지 여자가 계속 있을 운명"이라고 단정 짓는다. 듣고 싶지 않아도, 그의 목소리는 피할 수 없을 만큼 크다.

대부분의 전문가들은 실제로 자신의 자산을 걸고 예측하지 않는다. 틀릴 경우, 자신의 직업이나 명성을 걸고 책임지려는 이도 거의 없다. 장기간에 걸쳐 시장을 정확히 예측해 낸 사람은 사실상 존재하지 않는다. 만약 그런 사람이 있다면, 그는 방송인이 아니라 세계 최고의 머니 매니저가 되어 엄청난 부를 쌓았을 것이다.

실제로는 펀드 매니저들조차 85% 이상이 시장 평균을 이기지 못한다. 이런 현실을 고려할 때, 그들이 왜 그렇게 자신 있게 떠드는지를 이해하려면 그들의 인센티브 구조를 살펴봐야 한다. 그들의 주요 수입원이 어디에서 나오는지를 보면, 그들의 행동이 훨씬 쉽게 이해된다. 투자 전설들은 책을 팔거나 강의로 수익을 올리지 않는다. 반면, 요란한 예측을 쏟아내는 이들 중 상당수는 실제로 시장에서 수익을 내지 못하며, 대중을 선동하는 데 더 가깝다. 확실한 예측이란 애초에 존재하지 않기 때문이다.

고대 로마인들은 자신이 세운 다리 밑에서 일정 기간을 보내야 한다고 생각했다. 전쟁에 참여한 사람은 전쟁에 참여하는 자식이 최소한 한 명은 있어야 한다. 여론을 이끌어 가는 사람은, 예측하는 사람은 자신이 제공한 정보에 따라 잃을 것이 있어야 한다. 책임을 져야 한다. 예측은 리스크가 따르는 행위다. 승부의 책임이 없는 예측은 신뢰하기 어렵다. 말만 앞서는 사람은 낮게 평가해야 한다. 책임을 지지 않는 사람들이다. 정말 신뢰할 수 없다. 예측하는 사람들은 나쁜 결과가 나오게 되면 개인적으로 피해를 보게 되어 있어야 한다. 전쟁을 원한다면 전쟁터의 맨 앞에 서야 한다.

사기꾼들 - 버나드 메이도프 vs 엘리자베스 홈즈

주식시장에는 과장된 예측과 정보를 내세워 시청자들을 유혹하고 자신의 이익을 챙기는 '가짜 전문가'들이 존재한다. 이들은 불확실한 시장 속에서 확신을 찾고 싶어 하는 투자자들의 심리를 교묘하게 이용한다. 그러나 단순히 과장하거나 선동하는 수준을 넘어, 의도적으로 사기를 치는 이들도 실제로 존재한다. 주식시장뿐 아니라, 세상 어디에나 다양한 형태의 사기꾼들이 활동하고 있다.

버나드 메이도프(Bernard Madoff)와 엘리자베스 홈즈(Eilzabeth Holmes)는 우리가 반드시 기억해야 할 인물들이다. 메이도프는 1938년생 유대인으로, 미국에서 자산관리 회사를 운영했고, 1990년부터는 나스닥 증권거래소 위원장을 지낸 월가의 거물이었다. 하지만 그는 역사상 최대 규모의 폰지 사기를 저지른 금융 사기범으로 드러났다. 사기 피해액은 180억 달러(24조원)으로 추정된다. 처음에는 피해 총 액수가 약 650억 달러(한화 약 89조원)에 이르러 역대 최대 규모의 금융 사기 중 하나로 알려졌다.

'폰지 사기'라는 용어는 1920년대 미국의 찰스 폰지(Charles Ponzi)에서 비롯되었다. 그는 "한 달에 50% 수익을 줄 수 있다."고 사람들을 속여 투자금을 모았고, 우편 쿠폰을 거래해 수익을 내겠다고 했지만 실제로는 아무것도 하지 않았다. 대신, 나중에 들어온 투자자의 돈으로 먼저 투자한 사람에게 이자처럼 지급하는 돌려막기를 했다. 이 방식으로 4만 명 이상에게서 1,500만 달러를 모았고, 결국 1920년에 체포되어 징역 5년을 선고받았다. 출소 후에도 그는 사기를 계속했다.

메이도프 역시 폰지 사기를 그대로 반복했다. 그는 연 10~20%의 안정적인 수익을 보장한다며 투자자들을 모았고, 실제로는 주식이나 금융상품에 전혀 투자하지 않았다. 20년 넘게 새로운 투자자의 돈으로 기존 투자자에게 수익을 지급하며 시스템을 유지했다.

그는 나스닥 위원장이라는 화려한 경력 덕분에 많은 사람들의 신뢰를 얻었다. 전 세계의 유명 기업, 은행, 자선단체, 개인투자자들까지도 그의 배경에 현혹되어 사기를 눈치채지 못했다. 하지만 2008년 금융위기 당시, 투자자들이 대거 인출을 시도하면서 사기 구조는 무너졌고, 2009년 그는 체포되어 징역 150년형을 선고받았다. 메이도프 사건은 금융 역사상 가장 충격적인 사기극 중 하나로 기록되었으며, 사회적 신뢰와 권위가 반드시 진실을 보장하지 않는다는 점을 다시금 일깨워주는 사건이 되었다. 하지만 지금 이 순간에도, 사회 곳곳에서는 투자자의 돈으로 돌려막는 폰지사기가 반복되고 있다.

최근 여성 스티브 잡스라고 불렸던 엘리자베스 홈즈와 같은 이들도 있다. 그녀는 실리콘밸리의 스타트업 테라노스(Theranos) 창업자였다. 이 회사는 혈액 검사 기기를 개발했는데, 피 몇 방울만으로 암, 당뇨 등 수십 가지 질병을 진단할 수 있는 혁명적인 기술이었다. 불편했던 혈액 검사를 더 편리하고 빠르게, 저렴하게 할 수 있는 장점이 있었다. 시장의 반응은 뜨거웠다. 9억 4,500만 달러(약 1조 2천억 원)라는 엄청난 투자금이 몰렸고, 기업가치는 한 때 90억 달러(약 12조 870억 원)에 달하기도 했다. 새로운 기술로 의료 기술이 한 단계 업그레이드되는 듯해 보였다. 그런데 어처구니없게도 '차세대 스티브 잡스'로 알려졌던 그녀의 주장은 대부분 허위로 들어났다. '에디슨'이라고 알려진 이 장치는 기존의 실험 장비를 재포장한 것이었다. 엘리자베스 홈즈는 사기 혐의로 기소되었고, 결국 그녀는 투자자들에게 손해를 입힌 혐의로 11년의 징역형을 선고받았다.

그들은 남에게만 거짓말을 한 게 아니었다. 현실을 외면한 채, 자신에게도 거짓말을 하며 사기를 정당화했다. 그 자기기만은 결국 더 많은 사람을 끌어들이는 도구가 되었다.

금융 정보를 받아들일 때는 신중해야 한다. 해당 정보가 믿을만한 정보인지, 스스로에게 물어보고 판단할 수 있어야 한다. 은행에서 추천하는 투자 상품조차 안전하지 않다. 고객에게 유리한 상품보다는 은행의 이익에 더 도움이 되는 상품을 판매하려는 경향이 있다. 은행은 투자 결과에 대해 책임지지 않는다. 손실 위험을 투자자가 직접 부담해야 하는 것이다. 세상에는 똑똑한 사기꾼들도 많이 있다. 수익률이 아주 높다며 손해 볼 일이 절대 없다고 말한다면 의심부터 해야 한다. 시장에서 초과수익을 내는 것이 얼마나 어려운 일인지부터 알아야 한다. 누군가 돈을 거저 벌 수 있는 것처럼 설명한다면, 경계해야 한다.

잃을 확률은 거의 없고 수익을 몇 배로 돌아온다고 강조한다면, 거짓 정보일 가능성이 굉장히 높다. 은행상품, 금융상품 모두 다 그렇다. 투자의 위험도를 낮게 설명하고, 투자가 잘못돼 손실을 입게 되면 피해는 고스란히 고객들에게 돌아온다. 대한민국 권도형의 테라는 높은 수익을 보장하며 투자자를 유혹했지만, 폭락 사태로 인해 수많은 투자자가 피해를 입었다. 특히 단기적 정보는 더욱 그렇다.

확률적으로 생각하라

예측을 멈추고, 준비하라

물론 현재 시장 상황을 분석하는 정보는 투자에 분명 도움이 된다. 경기 흐름이나 금리, 환율과 같은 거시 지표들도 참고해야 할 중요한 요소들이다.

하지만 지금 일어나는 현상을 확인하는 것과 그것을 바탕으로 미래를 예측하는 것은 완전히 다른 문제다. 시장은 수많은 변수들이 얽혀 있고, 이 변수들은 시시각각 변하며 서로 영향을 주고받는다. 전문가들조차 상황이 바뀔 때마다 전망을 수정하거나 번복하곤 한다. 그 모든 요소를 완벽히 이해하거나, 일관되게 예측하기가 불가능하다. 결국, 우리는 늘 불완전한 정보 속에서 불확실성과 마주한 채 투자할 수밖에 없다. 미래는 한 번도 확실했던 적이 없었고, 지금도 마찬가지다.

경제학자 존 메이너드 케인스는 "예측을 잘하지 못한다면, 예측을 자주 하라!"고 말했다. 날카로운 풍자 속엔 진실이 숨어있다. 많은 전문가들이 매일 같이 시장을 분석하고 방향을 점치지만, 실상 그들 대부분은 실제로 예측에 성공해 돈을 벌지는 못한다.

시장에서 반복해서 정확한 예측을 해내는 사람은 거의 없다. 오히려 특정 시점의 예측이 운 좋게 맞아 유명해졌지만, 이후 예측은 틀려도 계속 같은 말을 반복하는 '영원한 상승론자'나 '영원한 하락론자'가 되어버리는 경우도 적지 않다.

시장 예측은 기본적으로 너무 많은 변수에 노출되어 있는 게임이다. 기업의 실적만으로 주가가 움직이지 않고 정치, 지정학, 정책, 기술, 감정, 트렌드, 유동성까지 수많은 요소가 뒤섞인다. 이 요소들을 계산해 단기 시장 방향을 정확히 맞히는 일은 사실상 불가능하다.

특히 단기 주가 예측은 더욱 어렵다. 어떤 특정 주식이 6개월 뒤에 얼마가 될지 정확하게 말할 수 있는 사람은 없다. 차트를 분석하고, 흐름을 본다고 해도 결국은 확률일 뿐이다. 피터 린치조차도 "10번 중 6번 이상 맞추는 것도 불가능에 가깝다."고 말했다.

그래서 탁월한 투자자는 예측보다 준비된 대응력에 집중한다. 그들은 "언제가 될지 모르는" 시점을 정확히 맞추기보다, 기회가 왔을 때 행동할 준비를 갖추는 데 시간을 쓴다. 확신할 수 없는 미래를 쫓기보다, 싸고 좋은 회사를 찾아두고, 그 회사가 시장에서 외면받을 때 용기 있게 투자한다. 그리고 기다린다.

시장은 예측의 대상이 아니라, 가능성을 고려하는 곳이다.

'옵션적 선택'에서도 말했듯, 투자자는 미래를 정확히 맞히려 하기보다, 다양한 시나리오에 유연하게 대응할 수 있는 구조를 갖추는 데 집중해야 한다. 어떤 의사결정을 하든 '내가 틀릴 수 있다.'는 가능성을 전제로 두고, 틀렸을 때는 손실을 최소화하고, 맞았을 때는 큰 보상을 얻을 수 있는 구조로 움직여야 한다. 그래서 시장이 크게 하락하고 대부분의 사람들이 공포에 휩싸여 떠날 때, 오히려 담담하게 투자할 수 있어야 한다. 반대로, 모두가 시장에 열광하고 탐욕이 극대화된 시점에서는 한발 물러서서 조심해야 한다. 예측이 아니라 구조, 감정이 아니라 확률, 확신이 아니라 겸손이 투자자의 무기가 되어야 한다.

평균회귀와 베이지안 확률

예측이 아닌 구조를 갖추는 태도는 결국 확률을 이해하고 오해하지 않는 데서 시작된다. 특히 사람들이 자주 착각하는 것 중 하나는 희박한 확률도 반복하면 현실이 될 수 있다는 기대다.

복권 당첨 확률은 814만 분의 1이라고 한다. 벼락에 맞을 확률이 100만 분의 1인데, 복권에 당첨될 확률은 그보다도 훨씬 낮은 814만 분의 1이다. 물론 10년간 매주 한번씩 복권을 구매하면 가능성은 조금 높아지지만, 여전히 15,600분의 1, 즉 0.006%에 불과하다. 만약 어떤 투자에 성공 확률이 1%라고 들었을 때, 과연 투자할 사람은 얼마나 될까? 아무리 적은 금액이라도 매주 0.006%의 확률에 기대를 거는 것은 합리적인 의사결정이라 보기 어렵다. 그런데도 많은 사람들은 '혹시나' 하는 마음에 복권을 산다.

"빠르게 두세 배의 수익이 가능하다."는 말에 끌리는 것도 비슷한 심리다. 이는 마치 철로 금을 만들 수 있다고 주장하는 연금술사의 말처럼 비현실적이다. 어떤 종류의 투자도 그렇게 높은 수익을 보장하지 않는다. 2배 수익을 단 10번만 반복해도 원금이 1,000배가 되고, 10번 더 반복하면 100만 배가 된다. 수익이 클수록 그에 따르는 리스크도 크다. 한두 번 큰 수익을 낼 수는 있지만, 장기적으로 두세 배의 수익률을 지속하는 것은 불가능하다. 이런 결과는 수학적으로는 가능해 보여도, 현실에서는 불가능하다.

모든 변화는 점진적이다. 높은 투자 성과 역시 천천히, 그러나 크게 만들어진다. 복리 수익률은 반복될수록 강력한 힘을 발휘한다. 단지 시간과 인내가 필요할 뿐이다. 반대로, 빠르게 변한 것은 곧 원래 자리로 되돌아간다. 잠시 변한 것처럼 보여도 결국 본래의 상태로 회귀하는 경향이 있다. 단기간에 좋은 성과나 나쁜 결과가 나타나더라도, 시간이 지날수록 결과는 평균적인 수준에 가까워진다.

예를 들어, 병에 검은 공 70개와 흰 공 30개가 들어 있다고 하자. 한두 번만 공을 뽑는다면 흰 공이 연달아 나올 수도 있고, 검은 공만 나올 수도 있다. 실제 비율과는 전혀 다른 결과가 나올 수 있는 것이다. 하지만 뽑는 횟수가 많아질수록 결과는 점점 7:3이라는 구성 비율에 가까워진다. 단기적 예외는 언제든 존재하지만, 반복 속에서야 비로소 확률은 힘을 발휘한다.

한 교수가 100개의 문제를 외우라고 지시했고, 학생 A는 80개만 공부했다. 교수는 이 중 무작위로 20문제를 출제했다. 만약 루퍼트가 95점을 맞았다면, 실력보다 운의 영향이 컸다고 볼 수 있다. 이후 다른 시험에서 60점을 맞았다면, 이번엔 운이 나빴을 가능성이 크다. 그러나 시험을 여러 번 반복할수록 A의 평균 점수는 결국 그의 실력인 80점에 가까워질 것이다.

단기 성과에 집착한 투기적 선택보다, 느리지만 옳은 결정을 반복하는 쪽이 결국 더 큰 보상을 가져온다. 도박처럼 종목을 매수해 단기간에 두 배 오를 수도 있다. 하지만 그런 수익은 대부분 운에 기대고 있으며, 결국엔 평균으로 회귀한다. 문제는, "도박의 평균 결과"는 돈을 벌지 못하고, 결국 돈이 바닥나 파산하는 것이다.

투자는 예측이 아니라 확률의 싸움이다. 주가가 갑자기 하락하더라도 경영진이 유능하고, 제품이나 서비스가 여전히 성장 가능성을 갖추고 있다면, 그 하락은 단지 일시적인 왜곡일 뿐이다. 그런 기업은 결국 본래의 가치 수준으로 돌아오게 된다. 즉, 무엇이 일어날지는 몰라도, 무엇이 일어날 확률이 높은지는 생각하고 투자하는 전략이 필요하다.

베이지안 확률

좋은 결정을 반복하려면, 새로운 정보에 따라 판단을 유연하게 조정할 수 있어야 한다. 이런 사고방식을 '베이지안식 사고'라고 부른다.

예컨대 어떤 약이 특정 질병을 치료할 확률이 50%라고 해도, 그 질병에 걸릴 확률이 1만 분의 1이며, 부작용 가능성도 50%에 이른다면, 그 약을 복용하는 것이 과연 합리적인 선택인지 다시 생각해 봐야 한다.

마찬가지로 허리 수술이 가장 빠르고 확실한 해결책처럼 보일 수 있다. 하지만 후유증으로 고생하는 사례가 의외로 많다는 정보를 접하면, 판단은 달라질 수 있다. 단기적인 효과보다는 장기적인 회복 가능성과 부작용 리스크를 고려해, 수술 대신 근력운동과 물리치료를 통해 회복을 시도하는 것이 더 나은 선택일 수도 있다.

우리는 이런 사고를 자주 사용한다. 아침 기상청은 비 올 확률을 30%라 했지만, 하늘이 흐리고 바람이 거세다면 사람들은 그 확률을 60%쯤으로 스스로 조정하고 우산을 챙긴다. 감기 증상이나 사람에 대한 평가도 마찬가지다. 처음에는 단순한 피로라고 생각했지만, 기침과 열이 나기 시작하면 감기일 가능성이 높다고 판단하게 된다. 처음 만난 사람이 성실해 보였지만, 약속을 여러 번 어기기 시작하면 신뢰할 수 없다고 생각이 바뀌게 된다. 새로운 정보가 쌓일수록 우리의 판단은 더 정확해진다.

이처럼 단편적인 숫자나 초기 인상만 보고 결론을 내리기보다는, 새로운 정보가 주어질 때마다 기존 판단을 유연하게 갱신해 나가는 사고 방식을 베이지안 확률적 접근법이라 한다.

좋은 기업에 투자했더라도, 새로운 정보가 들어오면 그 판단은 계속 업데이트되어야 한다. 경영진의 태도, 재무 구조, 경쟁력은 물론, 시장을 지배하는 탐욕과 공포의 흐름도 읽어야 한다. 모두가 비싸다고 도망칠 때가 매수 적기일 수 있고, 모두가 몰려드는 시점이야말로 가장 큰 리스크가 도사리고 있을 수 있기 때문이다. 한 번의 판단이 아니라, 정보에 따라 끊임없이 생각을 조정하는 능력이 장기적인 성과를 만들어낸다.

시장을 읽고 회사를 분석할 수 있어야, 비로소 큰돈도 자신 있게 투자할 수 있다. 그렇게 공부하고 신중하게 매수해도, 이후 시장은 크게 오르고 내리기를 반복할 것이다. 투자는 단순하지 않고 쉽지도 않다. 그러나 현명한 선택이 여러 번 반복되면, 장기적으로 좋은 결과를 만들어낼 수 있다.

일, 관계, 건강 역시 단기간에 원하는 결과를 얻기 어렵다. 억지로 바꾸려 해도 오래 유지되기 힘들다. 결국 내가 반복해 온 선택들의 평균이, 내가 살아가는 환경을 만들어 간다.

건강해지고 싶다면 수면, 식습관, 운동 같은 기본적인 영역에서 올바른 관리가 꾸준히 이루어져야 한다. 약을 먹거나 잠깐 운동한다고 해서 극적인 변화가 오는 것은 아니다. 설령 눈에 띄는 변화가 일어나더라도, 대부분 오래가지 않는다. 사람들과 좋은 관계를 유지하고 싶다면, 이기적인 마음을 줄이고 상대에게 진심 어린 관심과 배려를 기울여야 한다. 이 또한 바른 의사결정이 반복될 때, 가능해진다.

결국, 우리는 자신이 반복한 말과 행동, 습관에 어울리는 수준으로 돌아가게 된다. 돈을 벌고 싶다면 수입보다 지출이 적어야 하고, 물가상승이라는 괴물로부터 어렵게 모은 돈을 지키는 전략도 필요하다.

자신이 투자하기에 적합한 사람인지, 앞으로도 오래 건강을 유지할 수 있는 사람인지 알고 싶다면, 매일의 선택을 살펴보면 된다. 두려움과 탐욕에 쉽게 흔들리는 사람은 투자에 적합하지 않다. 다른 사람의 말에 쉽게 휩쓸리는 사람도 마찬가지다. 빠르게 큰돈을 벌고 싶어 하는 사람, 야식을 먹고 늦게 자며 운동을 하지 않고, 술과 담배를 과하게 즐기는 사람, 사람에 대한 배려 없이 이기적으로 살아가는 사람은 결국 좋은 관계와 건강한 삶을 유지하기 어렵다.

나의 말과 행동, 그리고 의사결정의 평균값이 곧 나의 환경이다. 결국, 우리는 평균으로 회귀한다. 누구나 쉽게 투자에 참여할 수는 있지만, 모두가 수익을 얻는 것은 아니다. "투자해야 돈을 번다."는 말은 익숙하지만, 그 진의를 깊이 이해하지 못하면 많은 이들이 시장의 피해자로 전락한다. 시장은 무자비하고 변덕스럽다. 사기꾼이 넘쳐나고, 운의 요소가 크게 작용해 언제든 도박처럼 변질되기 쉽다. 도박이 그렇듯, 단기간에 큰 행운을 얻을 수도 있다. 그러나 준비되지 않은 자에게 그 행운은 결코 오래 머무르지 않을 것이다.

다섯 종목 중 세 개

투자는 운을 수용할 수 있는 준비가 있어야 한다. 아무리 실력이 뛰어나도 예측 불가능한 결과를 마주하게 되며, 철저히 분석하고 준비하더라도 모든 종목이 성공할 수는 없다.

피터 린치(Peter Lynch)는 선별해서 다섯 종목에 투자했을 때, 그중 두 종목에서 성과가 없어도 나머지 세 종목이 수익을 내면 그것은 성공한 투자라고 말한다. 그는 마젤란 펀드를 13년간 운영하며 연평균 수익률 29.2%라는 전설적인 기록을 남긴 펀드 매니저다. 투자한 모든 회사에서 두 배, 세 배의 수익을 기대하는 많은 투자자들은 좀 더 현실적인 기대를 가질 필요가 있다.

때로 투자자들은 리스크를 줄이기 위해 종목을 너무 많이 보유하는 경우가 있다. 하지만 그렇게 하면 오히려 집중력이 분산된다. 힘이 약한 분산투자는 평균적인 결과를 가져올 뿐이다. 종목 수가 많아질수록 각 회사에 대한 이해가 얕아질 수밖에 없고, 수시로 변동하는 시장 상황에 적절히 대응하기도 어렵다. 그런 경우는 차라리 QQQ, SPY, VOO 같은 나스닥 지수나 S&P500 지수 ETF에 투자하는 것이 더 현명할 수 있다. 이들 ETF의 최근 10년 연평균 수익률은 15%를 넘고, 20년 수익률도 연평균 10%에 달한다. 내가 정한 목표 수익률이 연 15%라면, 사실 지금 이 책을 덮고 곧바로 미국 나스닥 지수나 S&P500 지수에 투자하는 것이 정답일지도 모른다. 정말로 15% 수익률만을 바란다면, 더 생각할 것도 없이 지수에 투자하는 것이 가장 이성적이고 합리적이다.

하지만 개별 종목에 투자하기로 한다면, 필요한 것은 확신과 선택이다. 물론 모든 종목에서 성공할 수는 없다. 몇 개의 우수한 종목이 나머지 손실을 덮고도 남을 만큼 수익을 내면 충분하다. 중요한 건 모든 투자에서 이기려는 집착이 아니라, 실수 없는 투자를 하려고 애쓰기보다는 실수를 감당하고 실패를 견디며 전체적으로 이익을 만들어내는 구조를 설계하는 것이다.

워런 버핏은 말한다. "당신이 사업을 분석하고 그 가치를 평가할 줄 안다면, 30~50개의 주식을 보유하는 것은 미친 짓이다. 1순위 회사에 더 많은 돈을 투자하지 않는 건 말도 안 되는 일이다."

그는 확신이 있는 몇 개의 기업에 집중 투자하는 것이 더 효과적이라고 말한다. 실제로 많은 기업을 완전히 이해하는 일은 어렵다. 얕게 여러 회사를 아는 것보다, 내가 잘 이해하고 오래 지켜볼 수 있는 몇 개의 기업에 집중하는 것이 훨씬 더 유리하다.

가령 1억 원의 자금이 있다고 가정해 보자. 그렇다면 세 종목이면 충분하다. 만약 1억 원으로도 세 종목에 집중해서 투자하는 것이 어렵다면, 주식투자는 어쩌면 자신과 맞지 않는 일일지도 모른다. 물론 1억 원을 모았다고 해서 당장 시장에 뛰어들 필요는 없다. 준비가 되었을 때, 들어가야 한다. 회사를 보고, 시장의 흐름도 살피고, 소액으로 경험을 쌓으며 나만의 기준을 만들어 가면 된다.

결국 중요한 건 확신이 있는 곳에 집중해서 투자하는 방식이다. 매수 과정에서 한 종목에 더 많이 담을 수도 있지만, 기본은 단순하다. 물론 모든 종목에서 탁월한 성과를 얻을 수는 없다. 하지만 세 종목 중 두 종목에서 수익이 나면 된다. 열 종목 중 여섯 개, 일곱 개에서 성과가 나면 성공이다. 나머지는 실패해도 괜찮다. 중요한 건 그 실패가 회복 가능한 것이어야 한다. 상황을 봐서 아니다 싶으면 빠르게 빠져나올 수 있는 순발력도 필요하다. 손실은 짧고 작게, 수익은 길고 크게 가져가야 한다.

만약 투자에 기술이 있다면, 그것은 절대 틀리지 않는 능력이 아니라, 올바른 선택을 더 많이 해내는 것이다. 실수와 실패를 견디며 경험을 쌓고, 자신의 원칙을 점검하고 또다시 시도하는 과정. 그 반복 속에서 진짜 투자 실력은 서서히 만들어진다.

운을 끌어당기는 실력

15세기 유럽인들이 인도로 가기 위해 선택할 수 있는 길은 많지 않았다. 육로로 중앙아시아를 통과하거나, 배를 타고 아프리카 남단을 돌아가거나, 홍해를 거치는 방법이 전부였다.

강도와 해적을 만나거나 정치적으로 불안정했다. 길도 멀어 비용도 많이 들었다. 새로운 길을 찾던 콜럼버스는 서쪽 태평양으로 향하면 인도에 도달할 수 있으리라 생각했고, 바다로 나아갔다. 그리고 콜럼버스의 배는 인도가 아니라, 아메리카 대륙을 발견하게 된다.

의도와 달리 뜻밖의 결과가 더 큰 성공으로 이어지는 일도 있다. 예컨대, 고혈압 치료제로 개발된 약이 발기 부전 치료제로 쓰이며 새로운 시장을 열었고, 대학생이 만든 단순한 자기소개 사이트는 전 세계를 연결하는 소셜 네트워크로 성장했다.

한 저명한 심리학 교수는 대학시절 전공을 정하지 않으면 정학을 맞게 되는 순간, 심리학 교수였던 테니스 코치에게 도움을 구해 심리학을 전공하게 된 경우도 있다. 성공은 단순히 운이나 실력만으로 이루어지는 것이 아니다. 두 요소가 조화롭게 어우러져야 한다.

언론이나 주변에서 사업에 성공하거나 투자로 엄청난 돈을 번 사람들을 종종 보게 된다. 그리고 많은 경우, 사람들은 그들의 대단

한 실력을 찬양한다. 하지만 모든 성공이, 특히 탁월한 성공은 실력만으로 이루어지는 경우가 극히 드물다. 우리는 능력 있는 사람이 성공한다고 믿기 쉽지만, 꼭 그렇지는 않다. 오히려 성공했기 때문에 능력 있어 보이는 경우도 많다. 사람들이 성취한 많은 놀라운 결과물들 중 상당수는 행운과 실력, 그리고 기회가 함께한 결과라고 할 수 있다.

우리는 운을 통제할 수 없지만, 선택은 통제할 수 있다. 실수가 줄고, 지혜로운 결정이 쌓이면 언젠가는 그 선택이 운과 맞물릴 수 있다. 실력이란 한 번의 정답이 아니라, 좋은 선택을 계속해서 만들어내는 능력이다. 만약 뛰어난 성과가 여러 번 반복됐다면, 그것은 단순한 운 이상의 무언가 운을 끌어당기는 실력이 있음을 보여준다. 확실한 건, 지혜로운 선택이 많을수록 기회가 찾아왔을 때, 그것을 자기 것으로 만들 가능성도 커진다는 사실이다.

건강을 유지하려면 충분한 수면, 좋은 음식, 꾸준한 운동, 그리고 마음의 스트레스를 덜어내는 노력이 필요하다. 이러한 원칙들을 지키더라도 갑작스런 사고나 예상치 못한 질병으로 인해 건강에 피해를 보는 것은 어떻게 막을 수 없다. 블랙스완, 개인에게도 블랙스완 같은 일이 발생할 수 있다. 예상치 못한 질병, 사건 사고, 또 어떤 생각지 못한 변수들이 생긴다. 원칙을 지킨다고 예상치 못한 상황에서 자유로울 수 없다. 할 수 있는 것은 없다. 예측 불가능하기에 20% 이상의 현금을 준비하고 비중을 나눠 투자하는 것이다. 할 수 있는 준비로 피해를 최소화하는 것뿐이다. 반복해서 '운이 나쁘다'고 느껴진다면, 그건 단지 불운의 문제가 아니라, 자신이 놓여 있는 환경이나 선택의 방식에 변화가 필요하다는 신호일 수 있다. 운이 없는 환경에 자신을 계속 노출시켰기 때문일 수 있다. 무엇을 해도 좋은 결과를 가져오는 사람들이 있다. 얼핏 보기엔 운 같아 보이지만, 본인 입장에서는 많은 공부와 관찰의 결과일 수 있다. 좋은 선택을 많이 하는 것이 운의 영향을 많이 받는 영역에서 뛰어난 성적을 내는 조건이 될 수 있다.

③ 불확실성 속에서 생각을 정리하라

운이 따르려면, 생각이 먼저 정돈돼야 한다

운이 따르려면, 더 나은 의사결정이 많아야 한다. 성공에는 실력도 필요하고, 운이 함께해야 비로소 큰 성과로 이어진다. 그러나 아무리 좋은 정보를 가지고 있어도, 생각이 흐트러져 있으면 그것이 제대로 된 판단으로 연결되기 어렵다. 특히 투자에서는 넘쳐나는 정보와 흔들리는 감정이 판단을 흐리게 만든다. 주가의 등락, 쏟아지는 뉴스, 주변의 조언들은 생각을 어지럽히고, 결국 미리 세워둔 계획대로 움직이지 못하게 만든다. 이렇게 머릿속이 복잡해지면, 투자는 물론 삶 전체가 함께 흔들린다.

우리는 먼저, 생각을 정돈해야 한다. 지금 내가 어떤 상황에 처해 있는지, 어떤 문제를 안고 있는지 조용히 돌아봐야 한다. 만약 투자 실패로 자산이 줄고, 마음까지 지쳐 있다면 너무 조급해하지 말고 잠시 멈추자. 그리고 스스로에게 물어보자.

잠은 충분히 자고 있는가? 일정한 루틴과 원칙을 갖고 하루를 살아가고 있는가? 책상과 방은 정돈되어 있는가? 과도한 정보에 무방비로 노출되어 있지는 않은가? 좋은 책을 꾸준히 읽으며 내 안의 기준과 지혜를 쌓고 있는가?

이런 평범한 질문들이야말로, 마음과 생각을 정리하고 다시 중심을 세우는 데 꼭 필요한 출발점이 된다. 스스로의 생활조차 제대로 관리하지 못하는 사람이, 변덕스럽고 냉정한 시장을 상대로 자산을 지켜낸다는 건 어쩌면 무리한 일일지도 모른다.

투자는 '자신과의 싸움'이다. 그리고 그 싸움의 승패는, 수많은 정보와 감정 사이에서 머릿속이 얼마나 차분히 정돈되어 있느냐에 따라 결정된다. 분석이 부족해서가 아니라, 생각이 흐트러지고 감정에 휘둘려 판단이 흔들리는 경우가 훨씬 더 많다.

머리를 정리하기 위해 자야 한다

운이 따르려면, 더 나은 의사결정이 필요하다. 그리고 더 나은 판단을 위해서는 머리가 맑고 차분해야 한다. 그 출발점은 다름 아닌 '수면'이다. 머리를 정리하고 싶다면, 먼저 푹 자야 한다. 연구에 따르면, 우리는 자는 동안 뇌에서 정보를 정리하고 기억을 저장한다. 수면은 단기 기억을 장기 기억으로 전환시키고, 불필요한 정보는 걸러내며, 새로 배운 내용을 안정적으로 뇌에 정착시킨다.

실제로 음악가는 새로 익힌 멜로디를 하룻밤 자고 난 뒤 훨씬 정확하게 연주했고, 학생들은 풀지 못한 미적분 문제를 자고 일어난 다음 날 더 쉽게 풀 수 있었다. 스탠퍼드 대학 농구팀을 대상으로 한 실험에서는 하루 10시간 수면을 취한 선수들이 6~7시간만 자던 때보다 자유투와 3점슛 성공률이 9%나 향상되었다. 운동선수에게 '자는 시간'은 단순한 휴식이 아니라, 곧 실력의 일부였던 셈이다.

수면은 뇌의 정리 시간이기도 하다. 하루 동안 쌓인 정보와 감정의 잔재, 신경계의 노폐물들이 이 시간 동안 정리되고 씻겨 나간다. 기억을 저장하고 감정을 정돈하며, 다음 날 더 선명하고 차분한 선택을 할 수 있도록 준비하는 과정. 그것이 바로 수면이다.

그런 의미에서, 미국장을 본다고 밤늦게까지 깨어 있는 습관은 오히려 올바른 투자를 방해할 수 있다. 본인의 수면과 식단조차 관리하지 못하면서, 냉정한 시장에서 자산을 지켜내고 수익을 내겠다는 것은 어쩌면 처음부터 무리한 일인지도 모른다.

"세상을 바꾸고 싶다면, 침대부터 정리해라(If you want to change the world, start off by making your bed)!" 미국 해군 제독 윌리엄 맥레이븐(William H. McRaven)이 텍사스대학교 졸업식 연설에서 한 말인데, 충분히 자고 아침에 일어나 자신의 침대를 정리하는 이 단순한 행위가 스스로에 대한 통제감과 책임감을 높여 더 큰 변화로 이어질 수 있다는 말이다.

침대를 정리한다고 투자 수익이 높아지진 않는다. 하지만 반복되는 이러한 작은 질서들은 '스스로를 관리할 수 있다'는 확신을 키워준다. 늦지 않게 잠자리에 드는 것, 엉킨 이불을 개는 것, 어지러운 책상을 정리하는 일. 이런 평범한 행동들이 쌓이면, 삶에 작은 리듬과 중심이 생긴다. 정돈된 공간은 마음을 가라앉히고, 생각을 또렷하게 만든다.

내 방의 모습은 지금 내 머릿속의 상태일 수 있다. 잘 정돈된 책상과 깔끔한 공간은 내면의 혼란을 진정시키고, 보다 침착하고 현명한 판단을 가능하게 하는 두뇌 환경을 만들어 줄 것이다.

너무 과도한 정보

세상은 불확실성으로 가득하다. 확실하고 분명한 것은 거의 없다. 그렇기에 우리는 가능한 한 올바른 선택을 자주 해야 하고, 실수하더라도 손해가 적도록 구조를 설계해야 한다. 좋은 의사결정을 하려면 왜곡되지 않은 정보를 바탕으로 단순하게 판단할 수 있어야 한다. 그런데 문제는 우리가 너무 많은 정보에 노출되어 있다는 것이다. 그중 상당수는 소음에 불과한 불필요한 정보들이다.

사실 정말 중요한 정보는 그렇게 많지 않다. 건강하게 살기 위한 원칙은 단순하다. 충분히 자고, 건강한 음식을 과식하지 않으며, 규칙적으로 운동하고 스트레스를 줄이는 것이다.

돈 문제를 해결하는 방법도 마찬가지다. 수입보다 적게 쓰고, 투자하며, 인내하는 것이다.

찰리 멍거는 세상을 잘 살아가는 단순한 지혜를 알려준다.

"남을 지나치게 부러워하지 말고, 무엇에 대해 과도하게 원망하거나 분노하지 마라. 어려움 속에서도 밝은 태도를 유지하고, 믿을 수 있는 사람들과 관계를 맺고, 맡은 일을 성실히 해내라. 이런 단순한 원칙들이 우리의 삶을 훨씬 더 좋게 만든다." 복잡한 세상에서 살아남는 법은 의외로 단순하다.

문제는 우리가 너무 과도한 정보에 노출되어 있다는 것이다.

우리는 지금, 너무 과도한 정보에 노출되어 있다. 손만 대면 수많은 정보를 확인할 수 있고, 그 양도 점점 더 방대해지고 있다. 문제는 무엇이 중요한 정보인지 제대로 걸러내지 못한다는 것이다. 데이터가 많을수록 더 많이 개입하게 되고, 불필요한 선택을 하게 될 확률도 높아진다.

예를 들어, 지구상에는 먹을 수 있는 식물이 약 3만 종이나 있지만, 우리가 실제로 식량으로 대부분 사용하는 작물은 고작 11종(쌀, 밀, 옥수수, 감자, 고구마, 카사바, 보리, 수수, 귀리, 호밀, 콩)에 불과하다. 풀만 해도 9,000종, 야자나무는 2,700종, 전체 식물은 50만 종에 달한다고 한다. 하지만 이 많은 식물 정보를 안다고 해서 우리의 식생활이나 생존에 특별히 유리해지지는 않는다. 결국 중요한 건 '모든 정보를 아는 것'이 아니라, '진짜 필요한 정보를 아는 것'이다.

데이터를 많이 모을수록 오히려 왜곡된 정보에 노출될 가능성도 높아진다. 지나치게 많은 뉴스와 정보는 신호보다 잡음을 더 많이 보게 만들고, 상황을 더 복잡하게 만든다. 결국 판단력은 흐려지고, 불필요한 개입으로 인한 실수가 잦아진다. 정보는 많아졌지만, 정작 의사결정의 질은 떨어질 수 있다.

세계가 연결되고, 경제가 글로벌화될수록, 우리는 과거 세대보다 훨씬 더 많은 정보를 실시간으로 접하게 된다. 지구 반대편에서 일어난 전쟁이나 자연재해까지 실시간으로 알게 되고, 가보지 않은 나라와 만나본 적 없는 사람의 이야기까지 쉴 틈 없이 들어온다.

하지만 이렇게 방대한 양의 정보가 실제 우리의 삶에 얼마나 도움이 되는지는 의문이다.

정보가 많다고 좋은 건 아니다. 오히려 너무 많은 정보는 우리의 생각을 산만하게 만들고, 정말 중요한 결정을 더 어렵게 만든다.

인간 뇌의 능력

우리의 뇌는 생각보다 쉽게 지친다. 우리 뇌는 한계가 있는 자원이다. 몸무게의 2%밖에 되지 않지만, 몸 전체 에너지의 20%를 사용할 정도로 많은 부담을 안고 있다. 받아들이는 정보가 많을수록, 뇌는 더 빠르게 지치고 판단력, 사고력이 떨어진다.

실제로 실험에 따르면, 참가자들에게 필기도구 고르기, 음료 고르기, 쇼핑하면서 옷 고르기, 작은 물건들 고르기와 같은 사소한 결정을 여러 번 내리게 하고 자제력이 필요한 과제를 부과했을 때, 충동을 조절하기 어려워했고 실수가 늘어났다. 에너지가 고갈된 상태에서는 TV나 유튜브 시청 같은 즉각적인 보상 자극에 쉽게 노출된다. 정신적 에너지가 바닥나 있는 것이다.

대니얼 카너먼은 이스라엘 가석방 심사위원 8명을 대상으로 한 흥미로운 연구 결과를 소개한다. 심사위원들은 식사 직후에는 가석방을 65%까지 승인했지만, 식사 직전에는 거의 아무도 풀어주지 않았다. 하루 종일 이어지는 의사결정으로 인해 정신 자원이 고갈되면, 새로운 선택을 하기보다는 기존 결정을 유지하려는 쪽으로 쏠린다. 단지 배고픈 것 하나만으로도 판단은 완전히 달라지는 것이다.

우리는 하루에도 수십 가지 결정을 내리며 뇌 에너지를 소모한다. 대부분은 '무슨 옷을 입을까?' '점심은 뭘 먹지?' 같은 사소한 것들이지만, 이런 결정들도 뇌에는 부담이 된다. 동시에 주어진 일도 한두 가지가 아니다. 문서를 읽다가 전화를 받고, 이메일을 체크하다가 누군가와 대화를 나눈다. 하지만 뇌는 한 번에 하나의 일에만 집중할 수 있게 설계되어 있다. 멀티태스킹은 집중력을 분산시키고 뇌를 더 빠르게 소진시킨다. 주의를 전환할 때마다 뇌는 비용을 치른다.

뇌의 뉴런은 계속해서 정보를 처리하기 때문에 '포도당(당분)'과 산소를 꾸준히 필요로 한다. 이 두 가지가 조금만 부족해도 금방 피로해지고, 기능이 떨어질 수 있다. 그래서 뇌는 아주 예민하고, 늘 충분한 영양과 산소를 공급받아야 하는 기관이다. 한참 머리를 써서 집중한 뒤에 피로감이 몰려오는 것도 같은 이유다. 이 피로는 결국 우리의 판단력에 영향을 미친다. 수면 부족, 스트레스, 쓸모없는 정보의 과잉은 뇌를 쉽게 지치게 만들고, 집중력과 사고력을 흐리게 한다. 머리가 피로하면 사소한 결정도 어렵고, 중요한 판단을 자꾸 미루거나 회피하게 된다.

머릿속이 정돈되어야 한다. 뇌는 에너지를 아끼기 위해 가능한 많은 것을 자동화하고 단순화하려 한다. 정보를 확인하는 시간은 정해두고, 그 외의 시간은 과감히 차단하는 것이 좋다. 필요한 것만 보고, 나머지는 끊어야 뇌가 회복된다. 우리 모두는 소비자이고, 유혹은 늘 가까이에 있다. 그래서 더욱 머리를 지키고 보호하는 습관이 필요하다.

투자에서도 마찬가지다. 매 순간 변하는 시세판은 뇌를 긴장시키고, 판단을 흐리게 만든다. 머리가 정리되어 있지 않으면, 올바른 선택은커녕 감정적 반응에 따라 행동하기 쉽다. 처음 세웠던 계획은 흔들리고, 장기적 관점은 사라진다. 그래서 이미 과도한 정보 속에서 더 중요한 정보를 찾아 헤매는 것이 아니라, 오히려 정보를 걸러내고 자신만의 원칙과 습관으로 뇌의 피로를 줄이는 것이 핵심이다. 데이터를 줄여보고, 뉴스를 덜 보고, 판단을 위한 시간을 확보해 보자. 머리가 정리되면, 투자는 물론 삶 전체가 덜 흔들린다. 처음엔 별것 아니라 생각돼도, 그런 변화들이 쌓여 더 나은 의사결정들을 모아갈 수 있다.

버핏의 단순함 다 알지 않아도 된다. 머릿속 비우기

정보가 너무 많아질수록 우리는 오히려 판단을 그르치고, 상황에 과도하게 개입하게 된다. 판단은 복잡해지고, 행동은 지나쳐지며, 결과는 오히려 나빠질 수 있다.

그래서 필요한 것은 복잡함을 덜어내는 '단순화'의 전략이다. 정보의 공급을 스스로 제한하고, 시장의 작은 변화에 일희일비하기보다는 더 큰 흐름을 살피며 판단해야 한다. 지혜로운 투자자들은 소음을 줄이고, 독서를 통해 좋은 정보를 천천히 쌓아가며 더 나은 의사결정을 만든다.

과도한 개입은 많은 영역에서 상황을 오히려 더 프래질하게 만든다. 예를 들어, 허리 통증 환자에게 기다림과 운동을 권하는 의사는 좋은 평가를 받지 못하고 수입도 낮지만, 수술을 권하고 안심시켜 주는 의사는 고급 승용차를 타게 된다. 환자는 손해를 보고, 의사는 돈을 번다. 이러한 과잉 개입은 의료에만 국한되지 않는다. 모든 세균을 없애려는 '과잉 청결'은 오히려 면역력을 약화시킨다. 면

역체계는 바이러스에 노출되면 강해지기 때문이다. 산불도 마찬가지다. 낙엽과 마른나무들을 태워야 할 때 태우지 않으면 연료가 축적되고, 결국 대형 산불로 번진다. 육아도 다르지 않다. 부모가 아이의 모든 위험을 차단하고 간섭하면, 아이는 실패 내성을 기르지 못하고 자율성과 회복력을 잃는다. 넘어지고 깨지며 배우는 경험은 성장의 핵심이다. 과도한 개입은 작고 유익한 고통의 기회를 빼앗는다.

워런 버핏(Warren Buffett)은 단순한 삶으로 유명하다. 그는 매일 아침 맥도날드에서 식사를 고르고, 사무실에 도착하면 하루 대부분을 독서로 보낸다. 회의는 거의 없고, 전화도 드물다. 불필요한 약속을 피하고, 정해진 루틴을 따르며 살아간다. 그는 여전히 1950년도에 구입한 집에서 살고 있으며, 생활을 복잡하게 만들지 않는다. 이는 자신이 진짜 중요한 일에 집중할 수 있도록 돕는 장치다.

읽는 자가 시장을 이긴다. 지식은 복리로 쌓인다

버핏의 평생 동료 찰리 멍거는 "사람들은 숫자 계산은 열심히 하지만, 정작 깊이 생각하진 않는다.(People calculate too much and think too little.)"고 말한다. 시장은 변동성과 소음으로 가득하다. 많은 이들이 그 소음을 바탕으로 여러 계산을 하고 전략을 세우지만, 더 중요한 건 전체 시장을 볼 수 있는 여유 있는 태도다.

데이터를 보고 숫자를 분석한다고 해서 성과가 나는 것은 아니다. 더 중요한 것은 내면을 정리하고, 지혜로운 판단력을 기르는 것이다. 그 힘은 경험에서 나오고, 읽는 데서 비롯한다. 지혜로운 투자자들은 반복해서 읽는다. 독서의 중요성은 아무리 강조해도 지나치지 않다. 대가들은 책을 통해 세상을 바라보는 눈을 키운다. 그들은 예외 없이, 읽고 또 읽는다.

『안티프래질』의 저자 나심 탈레브는 엄청나게 많은 책을 읽는다. 여행을 갈 때면 그의 가방은 늘 책으로 가득하다. 그는 어린 시절부터 책을 손에 놓지 않았다.

인문학에서 시작해 수학, 과학까지 다양한 분야를 넘나들며 읽었고, 흥미가 떨어지면 망설이지 않고 다른 책으로 넘어갔다. 책 읽기 자체에 싫증을 느낀 적은 없었다. 그의 부모는 베이루트의 가장 큰 서점에 계좌를 가지고 있었고, 그는 그곳에서 책을 마음껏 구입해 읽었다.

열세 살 무렵부터 독서 일지를 쓰기 시작했고, 일주일에 30시간에서 60시간씩 책을 읽는 습관을 오랫동안 유지했다. 열여덟 살에 미국으로 유학을 결심할 때에도 그 습관은 계속되었다. 그는 수백 권에 달하는 영어책을 연습 삼아 읽으며, 수많은 소설가들과 철학자들의 책을 닥치는 대로 흡수했다.

와튼 스쿨 재학 시절, 확률 개념에 깊은 의문이 생겼을 때는 서점에 가서 '확률'이나 '확률적'이라는 단어가 들어간 책은 거의 전부 사들였다. 이후 2년 동안 다른 책은 거의 읽지 않고, 오직 그 분야에만 몰두했다. 막히면 다음 책으로 넘어갔고, 비슷한 책을 다시 사서 또 읽었다. 그렇게 '리스크'는 그가 가장 잘 아는 주제가 되었고, 5년 뒤 그는 평생을 보장받을 만큼의 자산을 모았다. 그는 학교에서 배운 것은 대부분 잊었지만, 스스로 읽으려 했던 책들은 지금도 기억에 남아 있다고 말한다.

일론 머스크 역시 한 인터뷰에서 자신이 어린 시절부터 독서광이었다고 언급했다. 그는 10살 때부터 손에 닿는 것은 뭐든 읽었는데, 수천 권의 책을 읽었고 『반지의 제왕』, 『호빗 같은 책들을 읽고 나서는 더 이상 읽을 것이 없어 백과사전을 펼쳤다. 남아공에서 자란 그는 TV가 재미없어서 자연스럽게 책에 더 집중하게 되었다고 한다.

14~15살 무렵에는 철학자 니체, 쇼펜하우어, 도스토예프스키의 책을 읽으며 삶의 의미와 우주의 본질을 고민했다. 벤자민 프랭클린의 자서전에서는 '올바른 질문을 던질 수 있는 힘'과 '예측은 대부분 틀리지만, 배움을 통해 실수를 줄일 수 있다.'는 교훈을 얻었다.

그는 전형적인 셀프톳(self-taught), 스스로 공부하는 독서광이다. 전공은 우주공학이 아니었지만, 독서를 통해 실제로 우주선을 설계할 수 있는 수준에 도달했다.

워런 버핏의 일상은 단순하기로 유명하다. 그의 일과 중 가장 많은 시간을 차지하는 것은 '읽는 것'이다. 그는 읽고 또 읽는다. 대부분의 시간을 책과 함께 보낸다.

독서는 그 자체로 즐거움을 주지만, 동시에 인생과 투자에 실제적인 도움을 준다.

찰리 멍거는 말한다.

"나는 평생 동안 현명한 사람들을 많이 만났지만, 그중 책을 읽지 않는 사람은 단 한 명도 없었습니다. 하나도 없었고, 제로입니다. 워런이 얼마나 많이 읽는지, 그리고 제가 얼마나 많이 읽는지를 보면 놀라실 겁니다. 아이들은 저를 보고 웃으며, 저를 다리가 두 개 달린 책이라고 말합니다"

"In my whole life, I have known no wise people who didn't read all the time — none, zero. You'd be amazed at how much Warren reads — and at how much I read. My children laugh at me. They think I'm a book with a couple of legs sticking out."

필요한 정보를 가장 효과적으로 모으는 방법은 여전히 '읽는 것'이다. 조사에 따르면, 대한민국 국민 10명 중 6명은 1년에 책을 한 권도 읽지 않는다고 한다. 책을 꾸준히 읽는 사람은 그것만으로도 경쟁 우위를 가진다.

새로 배운 것은 실행에 옮기고, 상황이 바뀌거나 새로운 정보를 알게 되거나, 실패하면 그때 의사결정을 바꾸면 된다. 지식은 복리처럼 쌓인다. 조용히, 그러나 확실하게 삶을 바꾼다.

본능을 넘어 자기 통제

시장의 불확실성을 통제할 수는 없지만, 우리는 자기 내면의 태도와 반응은 관리 가능하다. 올바른 판단과 선택을 지속적으로 실행에 옮기기 위해 필요한 건 결국 '자기 통제'다. 투자든, 인생이든 결정적인 순간마다 본능을 넘어 이성을 작동시키는 훈련이 필요하다.

인간은 본능적으로 즉각적인 보상에 끌리게 되어 있다. 뇌의 변연계는 도파민 시스템을 통해 지금 눈앞의 쾌락과 손실 회피를 우선시하도록 만든다. 반면, 장기적 목표를 바라보는 전전두엽은 에너지를 많이 소모하기 때문에, 우리는 쉽게 직관적이고 빠른 판단을 선호하게 된다. 투자 상황에서도 마찬가지다. 주가가 오르면 탐욕이 작동하고, 하락하면 공포가 앞선다. 빠른 보상과 손실 회피에 매몰된 채 조급한 매수, 불안한 손절, 반복적인 거래를 하게 된다. 결국 뇌의 자동 시스템에 끌려다니면 손실은 누적되고, 잘못된 반응은 습관화된다.

장기적인 만족은 단기간에 쉽게 얻어지지 않는다. 긴 시간 집중하고 인내해야 비로소 도달할 수 있다. 투자에서 성공한다는 것도, 감정을 다스리고 장기적인 관점에서 꾸준히 견디는 과정을 의미한다.

찰리 멍거는 "투자에서 성공은 IQ가 아니라 기질에 달려 있다."고 말한다. 실제로 멘사 회원들이 운영한 투자 클럽은 1986년부터 2001년까지 15년 동안 연평균 수익률이 2.5%에 그쳤다. 같은 기간 S&P500은 연 15% 이상 상승했다. 높은 지능이 투자 성과를 보장하지 않는다는 사실을 잘 보여주는 사례다. 뛰어난 투자자는 머리가 좋은 사람이 아니라, 흔들리지 않고 기다릴 수 있는 사람이다. 장기적 관점을 가지고 단기 수익에 흔들리지 않으며, 자산을 분산하고 리스크를 조절하며, 감정에 휘둘리지 않고 자기 자신을 통제하는 사람이다.

좋은 선택은 반복과 훈련을 통해 자동화될 수 있다. 자기 인식을 바탕으로 감정과 자금 규모를 조율하고, 감당할 수 있는 범위 내에서 투자하는 능력이 중요하다. 결국 버핏, 멍거, 피셔, 마이클 버리 같은 투자 대가들이 시장을 예측하기보다, 자신의 기질과 원칙을 지키는 데 집중한 이유도 여기에 있다.

많은 사람들이 투자에 실패하는 이유는 단순하다. 단기 수익에 집착하고, 시세판을 실시간으로 확인하며, 조정이나 하락에 쉽게 흔들린다. 단타는 스트레스 호르몬을 분출시키고, 터널비전 효과는 장기적 시야를 가로막는다. 조급함은 판단을 흐리고, 오히려 성과를 낮춘다. 반복적인 손실은 뇌에 각인되고, 충동적 거래는 점점 더 강화된다.

자신을 돛대에 묶은 율리시스처럼, 투자자 역시 스스로를 보호할 장치를 마련해야 한다. 시세를 자주 보지 않고, 원칙을 문서화하고, 불안을 자극하는 환경과 거리를 두는 것만으로도 많은 충동을 피할 수 있다.

결국 투자는 내면의 태도 싸움이다. 어떤 사람이 될 것인지, 어떤 시각으로 시장을 볼 것인지가 성패를 가른다. 기다릴 수 있고, 실패를 견디고, 복리의 원리처럼 작은 변화와 수익을 차곡차곡 쌓을 수 있는 사람. 그런 사람이 진짜 성공한다.

스스로에게 '나는 기다릴 수 있다.', '나는 지금 성장하고 있다.'는 확신을 반복해서 심는 것이 중요하다. 반복된 생각은 잠재의식이 되고, 잠재의식은 결국 우리의 선택을 바꾼다. 본능에 휘둘리지 않고, 이성에 기반한 삶을 살아가려면 단단한 태도가 필요하다.

게으르면서 야망만 큰 사람은 결국 도박에 빠진다. 그러나 차분히 자신을 단련하고, 긴 시간을 통제할 수 있는 사람은 결국 복리처럼 작고 느리게 부를 쌓아간다. 주식은 결국 기업을 소유하는 것이다. 좋은 회사를 좋은 가격에 사고, 시간이 그 가치를 드러낼 때까지 기다리는 것. 그 단순한 원칙을 지키기 어려운 이유는 언제나 우리 안의 감정 때문이다.

IQ가 아닌 기질, 본능이 아닌 이성, 조급함이 아닌 인내. 이것이 진짜 투자에서 성공을 가르는 힘이다.

세상은 복잡하다. 그렇다고 내가 세상을 정리할 수는 없다. 나를 둘러싼 것들은 그것이 사람이든, 주식시장이든, 그 무엇이든 내가 노력해서 바꾸기 어렵다. 내가 바꿀 수 있는 것은 나의 생각, 나의 내면의 반응뿐이다. 통제 가능한 것을 통제하는 데 의도적으로 집중하라. 통제할 수 있는 건 자신의 태도이자 사고의 틀이다. 통제할 수 있는 것은 바로 자신의 마음이다. 시세판의 변화에 반응하는 내 자세, 절망감이나 질투심, 과도한 욕심과 만족하지 못하는 마음은 통제가 가능하다. 이것이 자신이 통제할 수 있는 전부다.

"나는 한 번에 만 가지 발치기를 연습한 사람을 두려워하지 않지만, 한 가지 발차기를 만 번 연습한 사람을 두려워한다." 전설의 인물 이소룡(Bruce Lee)의 말처럼 단순하게 집중하는 것이 성장의 비밀이다. 단순하게 생각할 수 있도록 머리를 정리해야 한다.

제 5 장

미국의 부채는 줄고, 당신의 돈은 녹는다

돈의 가치는 왜 계속해서 하락할까?
돌아다니는 돈의 양은 왜 늘어났을까?
수요와 공급 원리에 따라
무엇이든 많아지면 가치가 하락한다.
돈의 가치가 하락한 이유는 화폐가
엄청나게 발행됐기 때문이다. 돈은 그러면
왜 계속 이렇게 늘어날까?

01
돈의 가치, 그때와 지금

구매력 상실

돈의 가치가 줄어들고 녹는다는 사실은 누구나 알고 있다. 하지만 실제로 그 사실을 삶에 적용하며 행동하는 사람은 많지 않다. 물가가 오르면 사람들은 시장에서 고등어 두 마리 살 것을 한 마리로 줄이고, 김장을 할 때도 예전처럼 30포기 대신 20포기만 하면 된다고 생각한다. 생활비를 아끼면 문제를 해결할 수 있다고 여기는 것이다.

그러나 그렇게 생활비를 줄인다고 해서 인플레이션의 문제까지 해결되지는 않는다.

정작 더 중요한 문제는 따로 있다.

내가 살고 있는 전세 가격은 앞으로 어떻게 변할지, 매달 받는 월급으로 실제로 살 수 있는 것들이 얼마나 줄고 있는지, 그리고 이러한 변화가 장기적으로 내 삶에 어떤 영향을 미칠 수 있는지를 우리는 충분히 심각하게 받아들이지 않는다. 다행히 집이라도 한 채 가지고 있다면, 부동산 자산이 물가 상승에서 오는 손실 위험을 어느 정도는 막아준다.

하지만 그것마저도 "부동산은 거품이다.", "지금은 폭탄 돌리기다."라는 말에 흔들려 자산을 보유하지 않고, 은행에 현금을 예치하거나 전세로 거주하며, 생활 규모를 줄이면 괜찮을 것이라 믿는 사람들이 적지 않다.

그러나 자산은 현금이나 전세와는 다르다. 자산은 시간이 지남에 따라 가격이 변하고, 물가와 함께 움직인다. 반면 현금, 전세, 급여처럼 고정된 것들은 표면적으로 안전해 보이지만, 실제로는 조금씩 가치를 잃어간다. 두려움 때문에 투자를 하지 않고, 직관적으로 안전하다고 여겨지는 은행에 돈을 묻어두는 생활은 장기적으로 보면 오히려 손실을 키우는 선택일 수 있다. 이는 시장 경제의 흐름을 거스르는 전략에 가깝고, 결국은 내 자산을 스스로 녹이는 길이 될 수도 있다.

1968년, 미국의 맥도널드 버거 가격은 $0.45였지만 2024년에는 $5.69까지 올랐다. 1980년, 미국 주택 가격의 평균은 $74,000이었으나, 2024년에는 $520,000로 7배 이상 상승했다. 수요가 높은 지역은 가격변화가 훨씬 크다. 캘리포니아 주택가격 지수를 보면, 집값은 1980년에 비해 2024년 9배 이상 상승했다. 물건과 서비스 가격은 과거에 비해 빠르게 상승한다.

물가는 계속해서 오른다. 왜 100년 전 집의 가격은 수천 달러였고, 지금은 수십만 달러에 이를까? 왜 어릴 적 몇십 센트하던 핫도그는 이제 몇 달러씩이나 하는 것일까? 왜 물건의 가격은 이렇게 올라가는 것이고 돈의 가치는 줄어들까? 왜 1차 세계대전 이후 독일은 하이퍼인플레이션을 경험하게 되었을까?

대부분의 사람들은 돈의 가치가 무슨 이유로 이렇게 줄어드는지 심각하게 고민하지 않는다. 예전에는 1만 원으로 치킨 한 마리를 살 수 있었지만, 지금은 같은 1만 원으로는 부족하다. 그저 생활이 점점 어려워지면 씀씀이를 줄이며 묵묵히 버틸 뿐이다. 소득이 낮을수록 어쩔 수 없이 수입 대부분을 식비에 써야 한다. 이렇게 소득에서 식비가 차지하는 비율을 '엥겔지수'라고 한다. 예를 들어, 한 달에 100만 원을 버는데 식비로 50만 원을 쓴다면 엥겔지수는 50%, 식비가 20만 원이라면 엥겔지수는 20%다. 엥겔지수가 높다는 것은 식비로 대부분의 돈을 쓴다는 뜻이며, 생활이 빠듯하고 가난할 가능성이 크다는 신호가 된다.

돈의 가치가 줄어든다는 건, 같은 돈으로 살 수 있는 물건이 점점 줄어든다는 뜻이다. 돈의 구매력이 떨어진다는 것이다. 내가 받는 급여가 시중에 풀린 돈의 양이나 물가상승률에 맞춰 늘어나면 좋겠지만, 현실은 그렇지 못하니 가용 생활비가 줄어 생활이 빠듯해지고 여유가 없어진다. 이러한 돈의 가치가 줄어드는 인플레이션 현상은 대부분의 국가에서 일어나는 현상이다.

토지는 남고, 돈은 녹는다. 1803년 루이지애나

1803년, 루이지애나는 1,500만 달러에 미국으로 편입되었다. 현재 루이지애나 주의 크기는 남한보다 조금 크지만, 당시 루이지애나는 남한의 20배가 넘는 214만Km²에 달하는 거대한 땅덩어리였다. 미국 중앙을 가르는 이 광대한 토지가 당시 돈 1,500만 달러에 프랑스에서 미국으로 넘어가게 된다. 19세기 초, 유럽을 정복하려던 나폴레옹은 영국을 포함한 여러 나라와 전쟁 중이었고, 해외 식민지 관리에 어려움을 겪고 있었다.

특히 프랑스 입장에서는 스페인으로부터 막 되찾은 루이지애나 영토가 너무 커서 효과적인 통치가 쉽지 않았다. 한편, 미국은 서쪽으로 영토를 확장하려는 야망을 품고 있었고, 루이지애나는 바로 그 길목에 있었다. 나폴레옹은 거대한 루이지애나를 관리하는 것이 부담스러웠고, 미국에 매각하여 재정적 어려움을 덜고 미국과의 우호 관계를 유지하고자 했다.

1803년, 나폴레옹은 루이지애나를 1,500만 달러에 미국에 매각했다. 이 거래는 미국 역사상 가장 중요한 사건 중 하나로 꼽힌다. 미국은 루이지애나를 매입하여 영토를 두 배로 늘렸고, 이는 서부 개척의 발판이 되어 태평양 연안까지 확장하는 데 결정적인 역할을 했던 것이다. 양국의 이해관계가 맞아떨어진 이 거래는 미국에는 엄청난 이익을 가져다주었지만, 나폴레옹의 전략은 결과적으로 미국의 팽창을 돕는 꼴이 되었다.

64년 뒤 미국은 알래스카를 러시아제국으로부터 매입하게 된다. 1867년에는 원래 러시아 제국의 소유였던 알래스카는 720만 달러라는 비교적 저렴한 가격에 미국으로 매각된다. 러시아가 프랑스, 영국과의 크림 전쟁에서 패배하며 국력이 쇠퇴하면서 멀리 떨어진 알래스카를 유지하는 것이 부담스러워졌기 때문이다. 알래스카의 모피 생산 감소와 영국이 알래스카에 군사기지를 건설하는 것에 대한 우려도 있었고, 미국과 우호 관계를 유지하고 싶었기 때문이기도 하다.

당시 많은 미국인들은 이 거래를 주도한 국무장관 윌리엄 수어드(William H. Seward)의 이름을 따, 알래스카를 '수어드의 냉장고'라며 비웃었다. 사람들은 아무런 경제적 가치가 없는 쓸모없는 얼음덩어리를 비싼 값에 사들였다고 비판했던 것이다. 하지만 시간이 지나면서, 알래스카는 금과 석유, 천연가스 등 막대한 자원이 묻힌 땅이자, 전략적으로도 매우 중요한 지역임이 드러났다.

나라 간 토지 거래는 여러 가지 이해관계와 이유들이 있다. 두 거래는 미국의 역사상 가장 중요한 영토확장 사건이었다. 이들 거래는 미국이 세계 최강국으로 성장하는 데 결정적인 역할을 하게 된다. 미국은 영토를 늘렸고 자원을 확보했다.

결과적으로는 러시아와 프랑스가 큰 손실을 본 셈이지만, 두 토지를 매각한 러시아나 프랑스 또한 당시 그들이 처한 불안한 정세에 대응하는 차원에서 할 수 있는 최선의 선택이었을 것이다. 1972~1974년도 미국 시장이 어려웠던 기간에 릭 게린이 버크셔 주식을 버핏에게 매도했던 것도 생존을 위한 할 수 있는 유일한 선택이었다. 위기가 오면 개인도, 기업도, 국가도 때로 수단과 방법을 가리지 않고 그 상황을 벗어나려 모든 방법을 동원할 것이다. 블랙스완 같은 더 큰 어려움이 오기 전에 자산 매각으로 안전망을 확보하는 것은 때론 가장 합리적인 선택이라 할 수 있다.

어찌 되었든 여기서 살펴보려고 하는 것은 토지에 대한 거래 대금이다.

1803년엔 미국이 지금 영토의 4분의 1에 달하는 거대한 루이지애나를 고작 1,500만 달러에 살 수 있었고, 1867년엔 한반도의 7배에 달하는 알래스카를 단 720만 달러에 사들였다. 이 금액을 현재 화폐 가치로 환산하면 각각 약 4억 달러와 1억 5천만 달러 정도에 해당한다. 당시로서는 엄청난 금액이었지만, 오늘날 관점에서는 놀라울 만큼 저렴한 금액이었다. 19세기 초, 중반 1,500만 달러와 720만 달러의 구매력은 지금과 완전히 다르다. 당시 일반 노동자의 하루 노동시간은 10~12시간으로 길었고, 급여 또한 1~2달러에 불과했다.

200년 전에는 거대한 땅을 1,500만 달러로 살 수 있었지만, 지금은 그 돈으로 도심 건물 한 개도 사기 어려울 정도로 가치가 변했다.

돈의 액면 숫자는 그대로지만, 시간이 지날수록 그 돈으로 살 수 있는 물건과 서비스의 양은 줄어든다. 같은 금액이더라도, 실질 가치는 계속해서 하락한다. 이는 곧 물가가 상승하고 있음을 의미한다. 시간이 흐를수록 대부분의 물건과 서비스 가격은 오르고, 이에 따라 동일한 금액의 구매력은 점점 떨어진다. '그때의 돈'과 '지금의 돈'은 전혀 다른 가치를 지니게 된다. 과거에는 충분했던 돈이 이제는 부족해지고, 시간이 흐를수록 돈의 액면 숫자는 그대로라도 실질 가치는 계속 줄어든다.

* 물가가 오른다(인플레이션) | 물건값이 올라서 생활비가 더 듦
* 돈의 가치가 떨어진다 | 같은 돈이 예전보다 힘이 약해짐
* 돈의 구매력이 줄어든다 | 예전엔 1만 원으로 3개 샀는데 지금은 1~2개뿐

이렇게 되는 가장 큰 이유는 세상에 돌아다니는 돈의 양이 늘어났기 때문이다.

확장하는 시장, 증가하는 화폐

돈의 가치는 왜 계속해서 하락할까? 돌아다니는 돈의 양은 왜 늘어났을까?

수요와 공급 원리에 따라 무엇이든 많아지면 가치가 하락한다. 돈의 가치가 하락한 이유는 화폐가 엄청나게 발행됐기 때문이다. 돈은 그러면 왜 계속 이렇게 늘어날까?

'돈이 계속 늘어나는 구조'가 만들어지고 가속화된 것은 산업화 이후부터라고 볼 수 있다.

18세기 중반, 영국에서 시작된 산업혁명은 기계의 등장과 기술 발전으로 인해 물건을 만드는 방식을 완전히 바꾸는 엄청난 변화를 가져왔다. 원래는 사람의 손이나 동물, 물레방아로 물건을 만들어 시간도 오래 걸리고, 많은 양을 만들기도 어려웠는데 증기기관, 방적기 같은 기계가 등장하면서 공장이 생겨나고, 사람들이 한곳에 모여 물건을 만들게 되었다. 공장에서 대량으로 빠르고 싸게 물건을 만들 수 있게 된 것이다. 기계와 기술의 등장으로 사람들이 물건을 만드는 방식이 완전히 바뀌어버린 '세상의 대변화'가 일어나게 되었다. 물건을 만드는 일, 즉 산업에 커다란 혁명이 일어난 것이다.

이렇게 공장 생기고 대량생산이 시작되면서, 더 많은 사람이 일하고 더 많은 물건을 사고팔게 된다. 그러려면 '유통되는 돈'도 많아져야 한다. 경제가 커지면, 그 경제를 돌리는 데 필요한 돈의 양도 자연스럽게 많아진다. 경제는 커지는데, 돈이 그대로면 거래가 위축되고, 불황이 온다. 중앙은행은 돈을 계속 만들어냈다. 돈이 부족하면 대출도 안 되고, 투자가 멈추니까 경제를 돌리기 위해 돈을 계속 공급한 것이다. 정부는 이렇게 커지는 시장에 맞춰 은행을 통해 기업과 사람들에게 대출을 해주고, 국채를 발행하거나 금리변화를 주어 시중에 적절한 돈이 돌아가도록 도왔다. 기술은 계속해서 발전했고, 더불어 생산성이 좋아지며 경제가 더 커지고 인구도 늘어 필요한 돈의 양은 더 늘어났다.

산업화의 경제적 순환

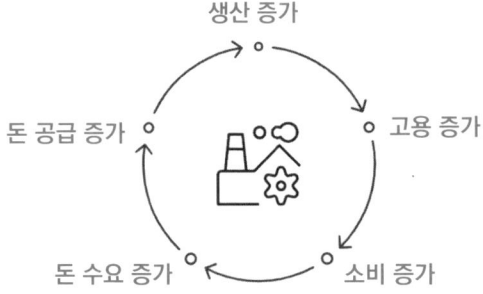

경제가 성장하고 시장의 규모가 커지면서 더 많은 사람이 일하고, 더 많은 물건이 거래되기 시작했다. 이처럼 거래가 늘어나면, 이를 원활히 뒷받침할 수 있도록 시중에 풀리는 돈의 양도 함께 늘어나야 한다.

그런데 돈의 양이 늘어나면 그 자체로는 문제가 없어 보여도, 시간이 지나며 돈의 가치는 서서히 떨어지게 된다. 구매력이 약해지면서 물건과 서비스의 가격은 자연스럽게 상승하고, 부동산이나 주식 같은 자산의 가격도 늘어난 돈의 양에 맞춰 점차 높아지게 된다. 자산의 '가치'가 오른다기보다는 그것을 사는 데 필요한 돈이 많아졌다고 보는 편이 더 정확하다.

하지만 모든 시장이 같은 속도로 성장하는 것은 아니다. 시간이 흐르면 발전하는 산업이 있는가 하면, 점차 쇠퇴하는 산업도 생긴다. 기술이 발전하면서 과거에는 상상도 하지 못했던 시장이 새롭게 열리고, 동시에 기존의 전통 산업은 점차 자리를 잃는다. 한때 잘나가던 섬유 산업이나 필름 카메라, 인쇄소 같은 분야는 스마트폰, 앱 산업, 콘텐츠 플랫폼에 밀려났고, 증기기관과 석탄 발전소는 전기차, 재생에너지, 수소 산업으로 대체되고 있다. 마트 중심의 오프라인 유통은 점차 온라인 쇼핑으로 대체되고 있으며, 쿠팡이나 네이버 같은 이커머스 플랫폼이 새로운 유통의 중심으로 자리 잡고 있다.

교통도 발달하고, 통신도 생겨나면서 세상이 더 빠르게 연결되었다. 도시가 커지고, 인구도 늘어나는 등 사회 전체가 크게 변화했다. 시골에는 사람이 없고 도시에 사람이 모인다. 수요가 몰리는 시장은 자연스럽게 가치가 오르고, 수요가 줄어드는 시장은 경쟁력을 잃고 사라진다. 세상은 끊임없이 변하고, 돈은 그 변화의 흐름을 따라 움직인다.

수요가 많은 곳은 자산의 가격이 더 오를 것이고, 수요가 적은 곳은 가격이 하락할 것이다. 200년 전 과거에 1,500만 달러에 거래된 루이지애나는 오늘날엔 아프리카의 같은 면적보다 훨씬 더 큰 가치를 갖게 되었다. 산업화 이후 급격한 도시화로 인해 지방 토지보다 도시의 가치가 훨씬 높아졌다. 사람이 모이고 더 많은 이들이 원하면 그것의 가치는 올라간다. 모든 물건과 서비스는 수요가 없으면 가치가 없다.

시중에 수요가 공급보다 초과하면 가격이 오른다. 사람들이 필요로 하는 빵의 양이 20개인데 시중에 10개의 빵밖에 제공되지 않는다면 가격은 높게 책정될 수밖에 없다.

아이스크림 하나의 가격도 공장에서 엄청나게 많이 만들어내면 가격은 내려간다. 또는 물건이나 서비스를 생산하는 데 필요한 원자재나 인건비가 상승하면 물건 가격은 오르게 된다. 생산성이 높아지면 물건의 가격이 떨어지기도 하는데, 이는 물건을 많이 만들어내면 공급이 충분해 지면서 가격이 내려가기 때문이다. 하지만 물건과 서비스의 수요와 공급만으로는 앞서 수 세기 동안 엄청나게 변화한 물건과 서비스 인건비 가격은 설명하기 어렵다.

산업화는 대량 생산을 가능하게 했고, 그 생산물을 흡수하기 위해 더 많은 소비도 필요해졌다.

물가가 올라야 시장이 돌아간다

물가 빠르게 오르면 사람들의 삶을 고달프게 하지만, 오르지 않아도 경기가 돌아가는 데 문제가 발생한다.

물건이나 서비스 가격이 오르지 않으면 사람들은 당장 사야 할 이유를 찾지 못한다. 물건 가격이 오르지 않거나, 혹 떨어지거나 꼭 필요하지 않으면 사지 않는 것이 이익이다. 하지만 소비가 이루어지지 않으면 기업들은 물건을 팔 수 없게 된다. 기업이 돈을 벌지 못하면 직원을 해고하거나 급여를 줄여 위기를 극복하려 할 것이고, 새로운 투자도 하지 못한다. 해고당하거나 급여가 줄은 직원은 다시 소비를 줄이게 되고, 소비가 줄면 기업은 돈을 벌지 못해 더 안 좋은 상황을 만들어낸다. 경제에 악순환이 일어나는 것이다. 물가가 오르지 않으면 소비할 이유가 적어지고, 소비가 적어지니 돈을 벌지 못하는 기업이 생산을 줄이고 벌어들이는 이익도 적어진다. 경제가 후퇴하게 된다.

예를 들어, 옆 나라 일본의 경우 물가가 오르지 않아 소비가 미루어지고 돈이 돌지 않아 경기가 오랜 기간 침체에 빠지기도 했다. 그래서 학자들은 2% 정도의 물가상승률이 이뤄져야 경기가 원활하게 성장하고, 물가도 무리 없이 안정될 수 있다고 말한다.

물가가 조금씩 오르면, 사람들은 물건값이 더 오르기 전에 사두려 하고, 기업은 더 많이 팔 수 있어 생산을 늘린다. 이렇게 소비와 생산이 함께 늘어나면, 투자도 활발해지고 일자리도 늘어나 경제가 잘 돌아간다.

정부는 위기가 오면 돈을 풀어 문제를 해결한다

앞서 말한 것처럼 건강한 물가 상승이 있어야 소비가 늘고, 생산이 많아진다. 또한 투자와 고용이 늘며 경제의 선순환을 이룰 수 있게 된다. 물가가 2% 정도 오르면 경제가 건강하게 돌아간다. 하지만 갑자기 경기가 멈추거나 큰 위기가 오면, 물가도 오르지 않고 소비도 줄어든다. 사람들이 지갑을 닫고, 기업들도 투자를 멈추게 된다.

그래서 이런 상황에서는 정부와 중앙은행이 나서서 돈을 푼다. 경기를 살리고 물가가 너무 떨어지지 않게 하려는 것이다.

한 국가에서 경기가 침체될 때 사람들이 소비를 안 하고, 돈을 안 쓰고, 회사도 투자를 안 하면 경제가 멈춘 것처럼 느려진다.

이럴 때 정부와 중앙은행은 묻는다.

"사람들이 다시 돈을 쓰게 만들 방법은 없을까?"

"돈을 더 풀면 소비도 늘고, 기업도 다시 살아나지 않을까?"

그래서 중앙은행(한국은 한국은행, 미국은 연준)은 시중에 유동성을 공급한다. 돈을 더 찍어내고, 금리를 낮추고, 국채를 사들이는 방식으로 시장에 자금을 푼다. 이처럼 위기를 극복하기 위해 중앙은행이 대규모로 돈을 푸는 정책을 '양적완화(Quantitative Easing)'라고 부른다. 코로나 팬데믹 당시에도 마찬가지였다. 미국은 경기를 살리기 위해 정부 지출을 늘리고, 중앙은행을 통해 시장에 많은 돈을 풀었다. 이는 곧 시중에 돌아다니는 돈의 양을 폭발적으로 증가시켰다.

시중에 풀린 돈의 양은 M1과 M2라는 지표로 측정된다.

M1은 현금과 당장 쓸 수 있는 돈을 뜻하고, M2는 M1에 예금, 단기 금융상품까지 포함한 넓은 개념이다. 미국의 경우, 2000년 M2는 약 5조 달러였고, 2020년에는 15조 달러, 2021년에는 무려 21조 달러를 넘어섰다.

특히 현금성 자산인 M1은 코로나 이후 몇 달 사이 4조 달러에서 16조 달러로 4배 이상 급증했다. 20년 전인 2000년에 M1이 1조 달러였던 것을 생각하면, 현금의 양이 얼마나 빠르게 늘어났는지 실감할 수 있다. 그만큼 돈은 계속 풀리고 있고, 이는 곧 물가와 자산 가격에도 영향을 줄 수밖에 없다.

결국 돈은 점점 많아지고 있고, 그에 따른 돈의 가치는 점점 약해진다. 돈이 많이 풀리면 물가가 오르고, 부동산이나 주식 같은 자산의 가격도 덩달아 상승한다. 마치 모든 것이 비싸진 것처럼 보이지만, 실은 돈의 구매력이 떨어졌기 때문이다. 우리는 지금, 물건값이 오르는 세상에서 살아가고 있는 것이 아니라, 돈의 가치가 줄어든 세상에 살고 있는 것이다.

미국 및 한국 M1, M2 통화량 변화 분석(2000년~2024년)

1. 미국 통화량 변화:

M1:
- 2000년: 약 1.1조 달러
- 2010년: 1.7조 달러
- 2020년 (코로나 이전): 약 4조 달러
- 2024년(현재): 18조 달러

M2:
- 2000년: 4.7조 달러
- 2010년: 8.5조 달러
- 2020년: 15.4조 달러
- 2024년(현재): 20.9조 달러

2000년부터 2024년까지의 미국 통화량 변화

2000	2010	2020	2024
M1: 1.1조 달러 M2: 4.7조 달러	M1: 1.7조 달러 M2: 8.5조 달러	M1: 4조 달러 M2: 15.4조 달러	M1: 18조 달러 M2: 20.9조 달러

위기가 닥치면, 국가는 보통 대규모로 돈을 풀어 문제를 해결하려 한다. 그런데 이렇게 통화량이 갑자기 늘어나면, 돈의 가치는 자연스럽게 떨어지게 된다.

특히 정부가 재정적자를 메우기 위해 국채를 발행하고, 중앙은행이 그 국채를 사들이며 돈을 찍어내는 방식으로 자금을 마련하면, 시중에 돈이 지나치게 많이 풀릴 수 있다. 이렇게 돈이 넘치게 되면, 물가가 오르고 인플레이션이 발생하게 된다.

이런 현상은 전쟁, 경제 위기, 혹은 심각한 재정난이 닥쳤을 때 자주 나타난다. 정부가 당장의 지출을 충당하기 위해 돈을 찍어내면, 단기적으로는 위기를 넘길 수 있지만, 그 대가로 물가 상승이라는 또 다른 부담을 안게 되는 것이다. 하지만 때로 풀린 돈의 양이 생산과 수요를 따라가지 못하면 오히려 시장을 엉망으로 만드는 경우도 발생하게 된다.

정부와 중앙은행은 이런 악순환을 끊기 위해 적극적인 대응에 나선다. 정부는 위기가 오면 돈을 풀어 문제를 해결한다. 하지만 정부가 단순히 돈만 푼다고 해서 국가 위기가 근본적으로 해결되지는 않는다.

하이퍼인플레이션

1차 세계대전 이후 독일은 전쟁 배상금을 지불하기 위해 대량의 마르크를 발행했다.

전쟁에서 패한 독일은 영국, 프랑스, 러시아 등 승전국들과 베르사유 조약을 체결하게 되는데, 그 내용은 전쟁의 책임이 독일에 있으며, 그 피해를 보상해야 한다는 것이었다. 독일은 무려 1,320억

금 마르크, 현재 금 시세로 환산하면 약 330억 달러에 이르는 천문학적인 전쟁 배상금을 부과받았다.

하지만 독일에는 이 금액을 충당할 방법이 없었다. 결국 독일 정부는 마르크를 대량으로 찍어내기 시작했고, 통화량은 걷잡을 수 없이 증가했다. 생산시설은 전쟁으로 파괴되어 물건은 부족한데, 시중에는 돈만 넘쳐났다. 기업이 제품을 만들어내거나 농업 생산이 있어 경제가 돌아간다면 돈이 풀려도 버텨낼 힘이 있다. 다시말해, 경제가 활발해져서 물건과 서비스를 많이 만들고 팔면, 풀린 돈이 생산과 소비에 쓰이게 되고, 물가가 급격히 오르지 않는다. 하지만 생산능력이 전혀 없는 상황에서 경기를 부양하기 위해 그냥 돈을 찍어낸다면 화폐 가치만 하락할 뿐이다. 당연히 화폐 가치는 급락했다.

당시 독일 국민들은 말 그대로 돈이 쏟아지는 세상에서 살아야 했다. 지폐로 벽을 도배하거나, 장작 대신 지폐를 태워 난방을 할 정도였다. 빵 한 조각을 사기 위해 지폐를 수레에 실어가야 하는 웃지 못할 상황이 발생하고, 사람들은 날마다 올라가는 가격에 불안과 공포 속에서 하루하루를 견뎌야 했다. 1923년 독일에서는 돈이 뿌려지는 듯 쏟아졌다. 베르사유 조약으로 독일 경제가 망하고 물가가 너무 올라 국민들이 힘들어지자, 그 틈을 타 히틀러가 권력을 잡았다.

이런 비극은 과거에만 일어난 일이 아니다. 최근 몇십 년 사이에도 비슷한 사례들이 반복됐다.

아프리카의 짐바브웨는 오랜 독재와 경제 실정으로 인해 지속적인 경기 침체를 겪었다. 2000년대 이후, 무가베 정권은 국가 재정을 메우기 위해 무분별하게 화폐를 발행했다. 그 결과, 짐바브웨의 화폐 가치는 사실상 사라졌고, 물가가 하루가 다르게 치솟는 최악의 하이퍼인플레이션이 발생했다. 어느 순간부터는 환율 계산조차 의미가 없어졌고, 사람들은 수조 단위의 화폐를 들고 다녀야 했다.

남미의 유명한 복지국가였던 베네수엘라도 비슷한 길을 걸었다. 세계 최대의 원유 매장량을 자랑하던 이 나라는 2014년 국제 유가 폭락 이후 경제 위기에 직면했다. 정부는 이를 타개하기 위해 화폐를 대량으로 찍어냈지만, 결과는 참혹했다.

2016년 베네수엘라의 월간 물가상승률은 221%에 달했으며, 이는 18일마다 물가가 두 배씩 오르는 수준이었다. 이후에는 연간 물가상승률이 170만 퍼센트를 넘어섰다. 쉽게 말해, 1만 원 하던 빵이 1억 7천만 원이 된 것이다. 경제 성장 없이 화폐가 계속 늘어나면, 인플레이션이 통제 불능 상태가 될 수 있다.

나는 어린 시절 잠시 머물렀던 카자흐스탄에서도 비슷한 현장을 경험한 적이 있다.

1992년, 카자흐스탄은 소련 붕괴 이후 독립한 지 얼마 되지 않은 상태였고, 경제 시스템은 극도로 불안정했다. 정부는 재정난을 해결하기 위해 화폐를 대거 찍어냈고, 그 결과 루블의 가치는 매일같이 떨어졌다. 물가가 하루에도 여러 번 바뀌었고, 많은 이들이 평생 모은 재산이 순식간에 휴지조각이 되었다.

결국 정부는 루블을 버리고 '텐게'라는 새로운 자국 통화를 도입해야만 했다. 그 시절, 달러를 가진 외국인들은 모두 부자처럼 보였고, 외부인 입장에서는 현지 물가가 너무나 싸게 느껴졌다.

하지만 그 속에서 살아가는 사람들의 삶은 매일이 고통이었다. 통화량이 늘어나는 속도에 비해 경제의 생산능력이나 정부의 통제력이 따라가지 못해 이렇게 돈이 풀리면 돈은 그냥 녹아내린다. 하이퍼인플레이션은 단순한 물가 상승이 아니라, 돈이라는 제도의 붕괴를 의미한다.

물론 하이퍼인플레이션은 화폐의 급격한 가치 하락이 일어났던 극단적인 사례들이다.

그래서 건강한 정부는 일반적인 인플레이션이 심해지기 전에 금리를 올리거나 시중의 돈을 회수해 속도를 조절하려 한다. 하지만 역사는 끊임없이 새로운 최악의 사건을 기록해 왔다. 지혜로운 사람은 최악의 사건에 대비한다.

미국 부채 관리 - 재정적자 해결 방법 - 인플레이션을 통한 부채 관리 전략

세상에 돈이 어떻게 풀리는지를 살펴보다 보면, 자연스럽게 패권국 미국의 재정 운영 방식에도 주목하게 된다. 미국은 오랜 시간 동안 재정적자를 이어오고 있다. 미국은 전 세계에서 군사비를 가장 많이 쓰는 나라다. 세계 패권을 지키기 위해 많은 돈을 국방에 쓰고 있고, 사회복지 같은 고정 지출도 매우 많다. 이렇게 꼭 써야 하는 돈이 워낙 많기 때문에, 세금을 올려 적자를 메우는 건 현실적으로 쉽지 않다. 정치적인 부담도 크다. 그래서 미국은 부족한 재정을 채권 발행, 즉 빚을 내는 방식으로 채워나간다.

채권이란 정부가 외부에서 돈을 빌리기 위해 발행하는 일종의 '빚 문서'다. 투자자들이 정부에 돈을 빌려주면, 정부는 일정 기간이 지난 후 원금과 이자를 돌려준다. "지금 돈을 빌려주면, 나중에 이자를 얹어 갚겠다."는 정부의 약속인 셈이다. 그런데 정부가 채권을 많이 발행하면, 시중에 풀리는 돈이 많아지고, 자연스럽게 물가가 오를 가능성이 높아진다.

흥미로운 점은 미국이 이 구조를 전략적으로 잘 활용해 왔다는 것이다. 물가가 오르면, 과거에 빌린 돈의 '실질 가치'가 줄어들기 때문이다.

예를 들어, 정부가 1,000달러를 빌렸는데 시간이 지나 1,000달러의 구매력이 절반으로 떨어진다면, 겉보기엔 빚을 전부 갚는 것처럼 보여도, 물가가 올라서 돈의 가치가 떨어지면 사실은 절반만 갚은 거나 마찬가지가 된다. 예를 들어, 물가는 계속 오르는데 정부가 빌린 돈에 이자를 거의 안 준다면, 정부는 싼값에 돈을 빌린 셈이 되고, 나중에 갚을 돈의 '가치'도 떨어지니, 결과적으로 이득을 보는 구조가 된다.

이 방식은 과거에도 실제로 쓰였고 효과를 봤다. 2차 세계대전이 끝난 뒤, 미국의 빚은 나라 경제 규모(GDP)보다 많았지만, 전쟁 후 경제가 빠르게 성장하고 물가도 오르면서 빚이 경제에서 차지하는 비중은 점점 줄어들었다.

GDP는 경제 능력

국가의 빚을 볼 때, 단순히 얼마나 많이 빚졌는가보다 더 중요한 건 그 빚을 감당할 만한 경제적인 체력이 있느냐다. 그래서 GDP 대비 부채비율을 살펴본다. 국가가 진 빚이 얼마인지도 중요하지만, 그보다 더 중요한 것은 '그 빚을 지탱할 수 있는 경제 규모(GDP)'가 얼마인지다.

예를 들어, 우리가 어떤 사람의 재정 상태를 평가할 때, 단순히 그가 얼마나 빚을 졌는지를 보는 것만으로는 부족하다. 같은 5천만 원의 빚이라도, 연 소득이 5천만 원인 사람과 1억 원인 사람은 상황이 전혀 다르다. 전자는 연 소득의 100%가 빚인 셈이고, 후자는 50%에 불과하다.

국가의 소득은 'GDP(국내총생산)'이고, 이와 비교해서 부채가 얼마나 되는지를 보는 것이 바로 'GDP 대비 부채비율'이다.

이 비율이 낮을수록 국가 경제가 빚을 감당할 여력이 있다는 뜻이다. 반대로 높다면 빚이 경제의 짐이 되고 있다는 의미다. 그래서 정부가 직접 빚을 줄이는 것이 어렵다면, GDP를 키워서 비율을 낮추는 방식이 더 현실적인 해법이 된다.

GDP를 키워, 즉 경제 성장으로 국민소득이 늘어나면, 빚의 상대적인 무게는 가벼워진다. 또는 물가를 의도적으로 상승시켜 물건값이 오르면, 나라가 벌어들이는 돈(명목 GDP)도 커진 것처럼 보인다. 그러면 기존 부채는 상대적으로 작아 보인다. 재닛 옐런(Janet Yellen) 미국 재무장관 같은 사람은 GDP 대비 순이자 비용 비중이 2% 미만일 경우 재정적으로 큰 문제가 되지 않는다는 견해를 여러 차례 밝혔다.

결국 'GDP 대비 부채비율'은 경제가 얼마나 건강한 상태에서 빚을 감당하고 있는지를 보여주는 체력지표 같은 것이다. 경제가 커지면, 같은 빚도 상대적으로 부담이 적어진다.

지금 미국이 쓰고 있는 전략도 본질적으로 다르지 않다. 적절한 인플레이션을 유지하면서 경제를 성장시켜 GDP 대비 부채비율을 관리하는 것, 이것이 핵심이다. 초등학생이 10kg 가방을 들면 버겁지만, 성인이 되면 같은 가방도 가볍게 느껴진다. 경제라는 몸집이 커지면, 같은 무게의 부채도 덜 무겁게 느껴지게 된다.

경쟁자를 누르고 패권을 유지한다

그래서 정부는 때때로 '실질적인 부채 부담'을 줄이기 위해 의도적으로 인플레이션을 유도하고, 부채 규모를 상대적으로 줄인다. 하지만 그럼에도 경제 성장이 중요하다. 앞서 살펴봤듯이 생산과 소비 없이 돈만 풀면 급격한 물가상승이 온다. 본질 문제를 해결할 수 없다. 실제 경제가 좋아져야 한다. 생산과 소비가 실제로 일어나야 한다. 경제가 성장하면, 풀린 돈이 생산과 소비로 흡수되고 물가가 지나치게 오르는 걸 막을 수 있기 때문이다.

그래서 미국은 경제 성장을 무엇보다 중요하게 여긴다. 특히 기술 분야에서의 우위를 지키는 전략이 뚜렷하다. 미국은 군사적 패권뿐만 아니라, 기술 패권도 동시에 유지하고 있다.

미국은 반도체, 인공지능, 전기차, 클라우드, SNS, 검색엔진, 이커머스 등 미래 산업을 주도하는 빅테크 기업들을 통해 세계 시장을 장악하고 있다.

그리고 이 패권을 유지하기 위해 경쟁이 될 만한 국가는 어디든 압박을 가한다.

1980년대에는 일본이 빠르게 성장하자, '플라자 합의'를 이끌어냈다. 이 합의로 엔화 가치는 급등했고, 일본의 수출 경쟁력은 약화되었다. 결과적으로 일본은 버블 붕괴와 함께 긴 경제 침체를 겪게 된다. 오늘날은 중국이 그 자리를 대신하고 있다. 화웨이, 틱톡, 반도체 기업 등 중국 기술 기업들은 미국의 강한 제재와 규제를 받고 있다.

이렇게 미국은 기술에서 앞서 나가면 생산성이 높아지고, 기업들이 더 많은 돈을 벌고, 좋은 일자리가 생기고, 세금도 더 많이 걷힌다. 이런 흐름은 자연스럽게 국가의 부채를 줄이는 데에도 도움이 된다. 성장은 단지 '경제가 좋아진다'는 의미를 넘어서, 국가가 빚을 감당할 수 있는 힘을 만들어 주는 바탕이 된다.

* 재정 적자 → 국채 발행(빚) → 통화량 증가 → 인플레이션 발생 → 부채 실질 가치 하락 → 경제 성장 → GDP 대비 부채비율 관리

물가가 오르면 임금도 오르고, 기업의 매출과 이익도 늘어난다. 기업이 번 만큼 세금도 더 걷히고, 정부의 세수는 자연스럽게 증가한다. 이렇게 세금이 늘어나는 동안, 과거에 빌린 돈(정부 부채)은 그대로이기 때문에, 국민들은 잘 느끼지 못하는 사이에 정부의 빚 부담은 점점 가벼워진다.

물론 이 전략이 항상 계획대로 되는 건 아니다

인플레이션은 정부 마음대로 조절되는 것이 아니다. 공급망 문제, 국제 유가 급등, 지정학적 리스크 같은 외부 변수에 크게 영향을 받는다. 인플레이션이 지나치면 저축의 가치가 줄고, 실질 구매

력이 떨어지며, 소득 격차도 커진다. 서민층의 생활이 빠르게 어려워질 수 있고, 정치적 불안으로도 이어질 수 있다. 그래서 미국은 연준(Fed)을 통해 금리 조절로 균형을 맞추려 하지만, 항상 쉬운 일은 아니다.

그리고 지금 미국의 GDP 대비 부채비율은 이미 120%를 넘은 상태다. 만약 경제 성장 속도가 부채 증가 속도를 따라잡지 못하면, 실질적인 부담은 계속 커질 수밖에 없다. 기술 패권을 유지하는 것도 쉬운 일이 아니다. 중국과 유럽 등 경쟁국들이 빠르게 쫓아오고 있다. 여기에 국방비, 복지 예산 같은 고정 지출을 줄이는 일도 현실적으로 어렵다. 늘 논의는 되지만, 정치적 저항이 크기 때문에 실제 감축은 쉽지 않다.

결국 미국은 부채를 갚는 방식이 아니라, 감당 가능한 구조로 재편해나가는 전략을 쓰고 있다. 세금을 급격히 올리거나 정부 지출을 과감히 줄이기보다는 경제를 성장시키고, 적당한 인플레이션을 유도해서 부채의 실질 부담을 줄이는 방식이다.

미래가 어떻게 될지는 누구도 장담할 수 없지만, 현재 미국이 이 전략을 지속하고 있다는 것만은 분명하다.

미국의 채권 발행과 부채 관리

미국은 정부 지출이 세입보다 많아 늘 재정적자가 발생한다. 이를 해결하기 위해 국채(채권)를 발행해 자금을 조달한다. 미국 국채는 세계에서 가장 안전한 자산으로 여겨지기 때문에, 미국 연방은행(Fed)과 해외 투자자들이 적극적으로 매입한다. 그 결과, 시중에 달러 유동성이 늘어나고 물가도 오를 수 있다.

미국 연방은행(Fed)은 상황에 따라 금리를 조정하거나, 국채를 사고팔며 달러 유동성과 물가를 조절한다.

그렇다면 미국은 이렇게 계속 늘어나는 부채를 어떻게 관리할까?

핵심 전략은 두 가지다.

1. 인플레이션 활용

인플레이션이 발생하면 돈의 가치가 떨어져, 과거에 발행한 부채의 실질 부담이 줄어든다.

쉽게 말해, 빚은 그대로인데 돈의 가치가 낮아지니 갚기 수월해진다.

2. 경제 성장(GDP 확장)

경제 규모가 커지면, 같은 부채라도 상대적으로 부담이 작아진다.

이를 위해 미국은 기술 패권을 지키고, 중국 기업의 성장을 견제하며, 자국 기업을 지원해 지속적인 경제 성장을 유도한다.

"미국 부채 해결 전략 → 전 세계 인플레이션 유발 → 자산 없는 사람 피해"

인플레이션은 조용히 당신의 돈을 깎는다

> 양적완화 = 중앙은행이 돈 뿌리기 → 금리 낮아지고, 자산값 오르고, 물가 오르고, 돈 가치 하락
> 그래서 부채의 크기도 줄어든다.

구매력이 줄어든다

양적완화는 중앙은행이 시장에 돈을 많이 푸는 정책이다. 중앙은행이 국채 같은 자산을 사들이면, 시중에 돈이 넘치게 된다. 돈이 많아지면 은행 대출이 쉬워지고, 이자율(금리)도 낮아진다. 사람들이 늘어난 돈으로 주식이나 부동산을 사면서 자산 가격이 오르고, 물가도 서서히 오른다. 결국 돈이 많아지면 돈의 가치가 떨어질 수도 있다. 쉽게 말해, 양적 완화는 경제에 돈을 풀어 경기를 살리려는 정책이지만, 그 과정에서 자산 가격 상승, 물가 상승, 돈 가치 하락 같은 결과가 따라온다.

문제는 시중에 유동성이 높아지면 물가가 오르고 자산의 가격이 비싸진다는 것이다. 같은 돈으로 살 수 있는 물건과 서비스 가격이 줄어든다. 구매력이 줄어든다. 내가 살 수 있는 물건과 서비스의 양이 줄어든다는 의미다. 앨런 그린스펀 전 미 연준 의장은, "문맹은 생활을 불편하게 하지만 금융 문맹은 생존을 불가능하게 만들기 때문에 문맹보다 더 무섭다(Illiteracy is inconvenient, but financial illiteracy can be devastating.)."고 했다. 서민들의 금융문맹은 더 심각한 빈부격차를 낳는다.

구매력이 줄어든다는 것은 내 급여가 준다는 말이고, 은행에 예금이 조금씩 사라진다는 말이다. 은행은 예대마진으로 수익을 만드는 기업이다. 단리이자가 붙어 물가상승 대비가 미비하다.

구매력이 줄어든다

구매력은 같은 돈으로 살 수 있는 물건이나 서비스의 양을 뜻한다. 물가가 오르면 구매력은 줄어들고, 결국 돈의 가치는 떨어진다. 지금 7,000원으로 자장면을 먹을 수 있어도, 몇 년 뒤에는 1만 원이 필요할지 모른다. 연간 물가상승률을 3%로 가정할 때, 지금 1억 원은 20년 후 5,400만 원의 구매력을 가진다. 돈의 가치가 하락함에 따라 지금 1억 원으로 100개의 스마트 전화기를 샀다면, 20년 후에는 54개의 전화기를 살 수 있게 된다는 것이다. 같은 돈으로 살 수 있는 물건의 양이 줄어든다. 구매력은 화폐의 실제 가치를 말한다. 연평균 3%의 물가가 오르면, 지금 1억 원은 10년 뒤 약 7,400만 원, 20년 뒤에는 약 5,500만 원 수준의 구매력을 가진다. 중앙은행이 목표로 삼는 2% 상승률을 적용해도 20년 후에는 약 6,700만 원밖에 되지 않는다. 이는 지금 전화기 100개를 살 수 있는 돈으로, 20년 뒤에는 67개밖에 못 산다는 뜻이다.

현재 가치 = 미래 가치 / (1 + 물가상승률)^경과 기간

미래 가치(20년 후) = 100,000,000원 / (1 + 0.03)^20 = 5,500만 원

우리가 피부로 느끼는 물가상승률은 연평균 2~3%를 훨씬 뛰어넘는다. 장바구니 물가도 오르고 주거비, 음식비, 자녀 양육비도 오른다. 평균 물가상승률을 훨씬 뛰어넘는다. 시장에서 고등어 한 마리 살 거 반토막 사게 되고, 바지와 셔츠를 살 수 있었던 돈으로 셔츠 하나밖에 구매하지 못하게 된다. 반대로 내가 1억 원을 빌리면 1년 뒤 구매력은 9,700만 원, 10년 뒤에는 7,400만 원이 20년 뒤에는 5,500만 원이 된다. 물가는 계속해서 상승하고 그로 인해 화폐의 가치 또한 계속해서 하락한다. 물가가 상승하면 돈의 가치가 떨어지기 때문에, 미래에 필요한 금액을 현재 가치로 환산해야 정확한 계획을 세울 수 있다.

돈에 대해 잘 아는 전문가들은 돈 활용을 잘 한다. 기업들은 부채를 잘 활용한다. 부채를 이용해 투자하고 더 큰 수익을 만들어낸

다. 빚이 녹는다는 말이 있다. 돈의 가치가 시간과 함께 줄어든다. 10년 혹은 20년 후 자장면 가격이 얼마가 될지 정확히 예측하기는 어렵다. 그러나 훨씬 더 비싸게 느껴질 가능성은 너무나 높다. 돈의 가치는 앞으로도 계속해서 하락할 것이고, 물가는 지속적으로 오를 것이다.

산업화 이후 대규모 생산과 기술발전으로 자본주의 사회에서 돈의 양은 엄청나게 늘어났다. 은행에서 돈을 더 많이 빌려주고, 정부가 재정 지출을 늘리면서 시중에 유통되는 화폐량이 늘어난 것이다. 돈의 양이 증가하고 인플레이션이 발생하는 것은 자본주의 경제 시스템에서 나타나는 일반적인 현상이다. 자산가들은 자산 가치 상승으로 이익을 보지만, 고정 소득을 받는 사람들은 물가 상승으로 생활이 어려워지게 된다.

개인의 급여는 경제가 성장하며 많아진 시중에 통화량에 비해 더디게 증가하는 것이 현실이다. 물가가 오르는 속도와 우리의 벌이에는 차이가 생긴다. 식료품, 주거비, 교통비 등 모든 물건과 서비스의 가격이 올라 생활이 더욱 어려워진다. 특히 제조업처럼 점점 쇠퇴하는 산업에 있는 사람들은, 나라 전체가 성장해도 정작 본인의 삶은 점점 더 어려워지는 경우가 많다. 일부 고임금 직종이 생겨나지만, 갑자기 직종을 바꾸는 것은 현실적으로 어렵다. 물론 개인이 더 나은 일자리를 찾기 위해 노력하는 것도 중요하지만, 모두가 고임금 직종으로 옮겨갈 수는 없다.

문제는 시간이 지날수록 시장 전체의 규모나 기업의 매출은 커지는데, 내 급여는 그만큼 따라가지 못한다는 점이다. 급여가 물가상승률만큼 오르면 가장 좋겠지만, 실제로는 그렇지 않은 경우가 대부분이다. 현재 받는 월급으로는 점점 생활이 팍팍해진다.

1억 원 구매력

물가상승률	10년 뒤	20년 뒤
2%	8,200만 원	6,700만 원
2.5%	7,800만 원	6,100만 원
3%	7,400만 원	5,500만 원

손실 확정

장기적 편안함은 시스템을 프레질하게 만든다. 장기적 원화 보유는 손실을 확정한다. 은행에 앉아 있는 현금은 인플레이션이라는 도둑에게 조금씩 빼앗기고 사라진다. 인플레이션이라는 정부의 과세정책에 속수무책으로 피해를 본다.

미국 인플레이션 계산기에 따르면, 70년대 이후 달러의 구매력은 8분의 1이 되었다. The U.S. Inflation Calculator measures the dollar's buying power over time. 연평균 인플레이션율: 달러는 1970년부터 2024년까지 연간 3.95%의 평균 인플레이션율을 보였으며, 오늘날 달러는 과거에 구매할 수 있었던 것의 12.27%만 구매할 수 있게 된 것이다.

우리가 피부로 느끼는 물가 상승은 실제 생활에서 심각한 영향을 주고 있다.

항목	1980년대 가격	현재 가격	상승 배수
자장면	500원	7,000원	약 14배
기름(리터당)	600원	1,700원	약 3배
금(한 돈)	40,000원	400,000원	약 10배
아파트 분양가(30평형)	865만 원(1978년 기준)	40억 원	약 400배

80년대 자장면 가격은 500원, 기름은 리터당 600원, 금 한 돈(3.75g)은 4만 원이었다. 집값은 어떤가? 1978년 서울 압구정 현대아파트 30평형 분양가는 865만 원이었다. 평당 가격이 30만 원이다. 당시 투기 광풍이 불어 분양권에 프리미엄 붙어 가격이 두 배로 뛰었다고 하지만, 돌아보면 여전히 저렴해 보인다. 그때 대기업 월급이 10여만 원, 일반 직장인들은 할 일도 적었거니와 수입도 수만 원에 불과했다고 하니, 분양가격이 물가 대비 마냥 저렴한 것도 아니었다. 15년 전 나와 아내의 결혼식에서 식비는 3만 원이 조금 안 됐던 것으로 기억한다. 지금은 6만 원 이상 지불해야 한다. 가격이 올랐다. 결혼도 하기 힘들다. 경조사비는 물가상승률을 반영하지 않아 나중에 받는 사람이 손해다. 음식, 기름, 교육, 양육, 아파트

매매, 전세, 월세 비용과 같은 주거비 등 모든 영역에서 가격이 수 배에서 수백 배까지 오르고 있다.

물가는 장기적으로 한 번도 멈춰선 적이 없다. 단기적으로 주춤했을 뿐이다. 말도 안 되는 가격이라 생각할 수 있지만 앞으로 10년, 20년 뒤에 어떤 가격의 변화가 있을지 질문하는 것이 더 중요하다. 내가 원하는 물건과 서비스 가격은 대부분 전보다 더 많은 가격을 지불해야 구할 수 있을 것이다. 기름값이 오르고, 원자재값이 올라 우리가 사용하는 물건들의 가격이 모두 상승해 있다. 점진적이고 자연스럽게 올라가고 있어 급여를 받는 사람들이 바로 느끼지 못할 뿐이지, 생활은 하루가 다르게 빠듯해지고, 맞벌이를 하지 않으면 생활이 힘들어지는 삶을 지속하고 있다. 우리는 왜 이렇게 가격이 올랐는지 정말 진지하게 질문해 봐야 한다.

정책은 누군가를 살리고 누군가를 버린다

남해회사 거품

1980년대 화물 배송 회사 페덱스에서는 직원의 인센티브를 해결해 줌으로써 문제를 해결했다. 이 회사의 핵심 시스템은 화물을 신속하게 분류하고 재분류하여 배송 시간을 단축하는 것이다. 그러나 항상 문제가 있었다. 정해진 시간 안에 작업을 마친 적이 없었던 것이다. 경영진은 노동자들을 설득하고 독려했지만, 효과가 없었다. 그러자 급여 지급 기준을 시간제에서 작업량 기준으로 변경하고, 모든 작업을 마치면 퇴근할 수 있도록 제안했다. 그 결과, 하룻밤만에 문제가 해결되었다.

대부분의 사람들은 인센티브로 움직인다. 사람의 인센티브는 강력하다. 우리가 신뢰하는 정부는 과연 어떤가? 정부는 모든 국민의 재정적 안정을 위해 정책을 편다고 말하지만, 실제로는 공동체의 이익이라는 명분 아래 다수에게 손실을 떠넘기는 결정도 서슴지 않는다. 미국처럼 막대한 부채를 안고 있는 국가의 경우, 그 부담을 해결하는 방식은 사실상 전 세계가 함께 짊어지는 구조다. 인플레이션을 유도하거나, 달러 가치를 조절하는 방식으로 미국의 부채는 녹아내리고, 그 대가는 달러를 사용하는 전 세계 사람들이 함께 부담하게 된다.

1711년, 영국의 한 은행가가 '남해회사(South Sea Company)'를 설립했다. 당시 영국은 프랑스와 '스페인 왕위 계승 전쟁'을 치르고 있었고, 전쟁 비용으로 인해 국가 부채가 1,000만 파운드를 넘을 정도로 심각한 재정 위기에 처해 있었다. 이 상황을 해결하기 위해 남해회사는 한 가지 제안을 한다. 회사가 주식을 발행해 모은 돈으로 정부의 국채 900만 파운드를 대신 떠안고, 그 대가로 정부는 연 6%의 이자를 지급해 주는 구조였다. 정부는 여기에 더해 남해회사에 '남해 지역' 무역 독점권도 부여한다.

당시 영국인들에게 '남해'란 남아메리카 지역 전체를 의미했고, 자원과 노예무역을 통해 막대한 수익을 기대할 수 있는 꿈의 땅으로 여겨졌다. 사람들은 남해회사가 전쟁에서 영국의 승리를 등에 업고, 그 지역에서 엄청난 무역 수익을 올릴 것이라고 믿었다. 하지만 현실은 달랐다.

1713년 전쟁이 끝났지만, 스페인의 무역 권한이 완전히 사라지지는 않았다. 결국 남해회사의 첫 항해는 1717년에야 이루어졌고,

그마저도 단 한 척의 배만 허용됐다. 기대와 달리 무역 수익은 거의 발생하지 않았고, 회사의 사업은 어려워졌다.

그러던 중, 다시 전쟁이 재개되며 정부의 부채가 다시 늘어나자, 남해회사는 1720년 초 정부에 또 다른 제안을 한다. 원하는 가격에 주식 발행을 허용해 준다면, 자신들이 연 5%의 낮은 이자로 3,200만 파운드 규모의 국채를 인수하겠다는 제안이었다.

이 소식이 퍼지자, 사람들은 남해회사를 '정부가 보증하는 안전한 투자처'로 믿고 주식을 사들이기 시작했다. 주가는 128파운드에서 160파운드로 뛰었고, 투자 열기는 순식간에 전국을 휩쓸었다.

그해 남해회사는 무려 네 차례에 걸쳐 주식을 발행한다.

4월: 1차 300파운드, 2차 400파운드, 6월: 3차 1,000파운드,

8월: 4차 1,000파운드

이 주식들은 발행하자마자 몇 시간 만에 완판될 정도로 인기를 끌었고, 시장에서는 실제로 주가가 100파운드에서 1,000파운드 이상으로 폭등했다. 사람들은 실체보다 기대만을 쫓았고, 시장은 투기 열기로 과열되었다.

그러나 이 거품은 오래가지 못했다. 전쟁의 결정적 승리도 없었고, 무역 수익도 제대로 나지 않았다. 기대만으로 부풀었던 시장은 순식간에 무너졌고, 남해회사의 주가는 폭락했다. 수많은 투자자가 큰 손실을 입었고, 이 사건은 역사상 가장 대표적인 금융 거품

사건으로 남게 되었다.

남해회사의 최대 수혜자는 영국 정부

그런데 남해회사(South Sea Company) 버블 사태로 인해 많은 개인 투자자들이 큰 손해를 보았지만, 정작 가장 큰 이익을 본 쪽은 영국 정부였다.

남해회사는 영국 정부로부터 국채를 인수하는 조건으로 남미 지역의 무역 독점권을 부여받았다. 그러나 현실은 달랐다. 해당 지역은 당시 스페인이 철저히 장악하고 있었고, 실질적인 수익을 얻기에는 매우 어려운 환경이었다. 남미는 스페인의 식민지였으며, 스페인은 무역을 엄격히 통제하고 있었다. 남해회사가 일부 무역권을 얻긴 했지만, 스페인의 방해, 다른 유럽 나라들과의 경쟁, 전쟁, 해적들의 공격까지 겹치면서, 생각했던 만큼 돈을 벌기는 어려웠다.

그럼에도 불구하고, '남미 무역 독점권'이라는 말은 대중의 심리를 자극하기에 충분했다. 사람들은 남해회사가 남미에서 막대한 부를 가져올 것이라 믿었고, 마침 스페인과의 전쟁 분위기는 '국채를 주식으로 바꾸는' 투기 심리를 빠르게 확산시켰다. 결과적으로, 남해회사의 주가는 단기간에 무려 9배 이상 폭등하며 거품을 형성하게 되었다.

이 구조는 사실상, 정부가 재정 위기를 극복하기 위해 정교하게 설계한 하나의 전략이었다. 영국 정부는 막대한 국채를 남해회사에 넘기고, 남해회사는 이를 바탕으로 주식을 발행하고 그 주식을 투자자들이 앞다투어 고가에 사들이면서, 영국 정부의 부채에 대한 부담은 시장을 통해 개인들에게 전가되었던 것이다. 그 결과, 정부는 큰 저항 없이 부채를 줄이는 데 성공한다.

투자자 입장에서는 '정부가 지원하고, 무역 독점권까지 확보한 회사'라는 믿음이 강했다. 그러나 실제로 남해회사가 벌어들인 수익은 예상과 달랐고, 과장된 기대가 먼저 주가를 끌어올렸을 뿐이다. 결국 현실과 기대의 괴리는 버블 붕괴로 이어졌고, 수많은 개인 투자자들이 큰 손실을 떠안게 되었다.

물론 정부가 언제나 국민의 희생만을 요구하는 것은 아니다. 정부는 개인의 권리와 공공의 이익을 함께 추구하며 더 나은 국가를 만들기 위해 노력하고 있다고 믿고 싶다.

그러나 하나는 분명하다. 국가적인 위기 상황이 오면 회사도, 정부도 개인의 삶을 끝까지 책임져주지는 못한다는 것이다.

"가난은 나라도 해결할 수 없다."는 말처럼, 개인의 재정 문제는 결국 스스로 감당해야 할 몫이다. 냉정히 말하면, 개인의 재정문제를 해결해 줄 의지를 가진 정부도 드물다. 언급한 대로 변호사는 분쟁이 생겨야 돈을 벌고, 의사는 친구라도 건강하지 않아야 한다. 기업들은 사람들이 과소비해야 번성하며, 군인들은 평화를 원하지 않는다. 과장된 말이지만 사람은 자신에게 이익이 되는 방향으로 움직이기 쉽다.

은행은 수익 창출을 최우선 목표로 하는 기업이다

은행도 그렇다. 우리에게 친숙한 은행은 예대마진으로 수익을 내는 영리기업이다. 그들 또한 고객의 이익보다 자신들의 수익을 우선시할 수 있다. 그렇기 때문에 투자를 결심했다면, 은행 직원의 말만 믿기보다는 먼저 스스로 정보를 충분히 알아보고, 상품의 구조나 위험 요소를 꼼꼼히 확인한 뒤에 신중하게 결정해야 한다. 은행이 제시하는 고이율 상품이 항상 안전한 것은 아니다. 높은 수익을 제시한다는 것은 그만큼 원금 손실의 가능성도 크다. 광고만 안전하다고 할 뿐이다. 금리 변화에 따라 이자를 더 주는 상품이 있다면, 단기적으로는 인플레이션으로부터 자산을 보호해 줄 수 있다.

은행은 예대마진과 수수료 기반의 금융상품 판매로 이익을 내는 회사라는 사실을 기억해야 한다. 예대마진이란 은행이 예금주에게 지급하는 이자보다 대출자에게 더 높은 이자를 받아 생기는 차액을 말한다. 슈퍼마켓이 도매로 물건을 들여와 소비자에게 더 높은 가격에 팔아 이익을 남기는 구조와 같다. 예를 들어, 은행이 예금주에게 연 2% 이자를 주고, 대출 고객에게 연 5% 이자를 받는다면, 그 차이인 3%가 은행의 수익이 되는 것이다. 이 예대마진이 은행의 수익의 핵심이다.

은행원이 추천하는 금융상품은 진짜로 고객을 위한 것이라기보다, 본사에서 정해준 홍보용 상품인 경우가 많다. 이런 상품은 은행

원의 평가나 보상과 연결돼 있어 반드시 팔아야 하는 경우가 많다 보니, 좋은 점만 강조되고, 위험한 부분은 잘 설명되지 않는 경우가 많다.

은행은 고객의 자금을 이용해 금융상품을 판매하고, 그 과정에서 수수료와 판매보수를 챙긴다. 이 상품이 은행에게 좋은 상품이라는 사실이 곧 고객에게도 좋다는 보장을 의미하진 않는다. 은행은 어디까지나 수익을 내야 하는 기업일 뿐이다.

또한, 어떤 식으로 홍보를 하던 이자를 많이 주는 상품일수록 절대 안전하지 않다. 높은 이자를 지급하려면 높은 수익이 필요한데, 그것은 곧 높은 위험을 감수해야 함을 의미한다.

예를 들어, 저축은행이 일반 은행보다 더 높은 금리를 제공하는 이유는 그만큼 더 위험하기 때문이다. 펀드는 수익이 클 수도 있지만, 그만큼 위험도 큰 상품이다. 여러 사람의 돈을 모아서 주식이나 채권에 투자하고, 그 수익을 나눠 갖는 구조인데, 실제 투자 결정은 자산운용사가 한다. 잘되면 예금보다 높은 수익을 기대할 수 있지만, 손실이 나면 원금이 줄어들 수도 있고, 여기에 수수료나 기타 비용도 빠져나간다. 이 손실에 대해 은행이나 자산운용사는 어떤 책임도 지지 않는다. 수익이 나면 고객과 나눠 가지지만, 손해가 나면 그 책임은 온전히 고객이 지게 된다. 은행 입장에선 아주 유리한 구조인 셈이다. 은행은 고객의 돈으로 수익을 내고, 손실은 고객이 떠안는 구조다.

수익이 높다는 것은 위험도 크다는 뜻이다. 반대로 수익이 낮을수록 위험도 낮다. 특정 상품이 높은 수익률이나 고이율을 보장한다면, 그만큼 실패 가능성도 높다는 뜻이다. 고수익과 안전성을 동시에 만족시키는 펀드나 보험 상품은 존재하지 않는다. 공짜로 우리에게 봉사할 사람은 없다. 은행도 마찬가지다. 은행은 대출을 해주고 금융상품을 팔아 기업 활동을 유지하는 회사다. 계속해서 대출을 받고, 금융상품을 사주는 고객이 있어야 은행도 돌아간다. 이 구조 안에서 은행은 예금에 대해 단리 이자를 제공한다. 원금에 대해서만 이자가 계산된다는 뜻이다. 반면, 인플레이션은 복리로 작용한다. 물가 상승은 해마다 누적되기 때문에 현금의 구매력은 복리로 줄어들게 된다.

은행적금은 마음이 편하다. 하지만

대부분의 사람들은 금융자산이라 하면 은행 적금이나 전세금 같은 것을 떠올린다. 이런 자산은 단기적으로는 마음에 평안을 줄 수 있다. 특히 시장이 폭락할 때는, 현금은 사막의 오아시스와 같다. 위기 상황에서는 은행 적금이나 전세금이 보물처럼 느껴지기도 한다. 폭락장에서 현금은 생존 수단이 될 수 있다. 벤저민 그레이엄은 자산을 주식과 채권으로 나누되, 시장 상황에 따라 비중을 25:75에서 75:25까지 조절하라고 조언했다. 채권은 수익률은 낮지만, 시장 하락 시에는 현금처럼 활용될 수 있는 방어 자산이다. 워런 버핏은 항상 10~20% 정도의 현금을 보유하고, 빌 게이츠도 회사 운영에 필요한 자금을 1년 이상 버틸 수 있도록 현금을 확보해 둔다고 했다. 현금은 보험과 같은 역할을 한다. 예기치 못한 위기에 대응할 수 있는 여력을 남겨두는 것이다.

하지만 장기적으로 보면, 현금은 좋은 투자처가 아니다. 연평균 2~3%의 물가상승률을 고려할 때, 시간이 지날수록 돈의 가치는 계속 줄어든다. 낮은 이자율로는 물가상승률을 상쇄할 수 없고, 10년이면 돈의 가치는 20~30% 줄어들며, 20년 뒤에는 사실상 반토막에 가까운 수준이 된다. 시간이 지날수록 그 피해는 더 커지게 되는 것이다.

인센티브와 인센티브 충돌

문제는 내가 받는 급여가 물가 상승을 따라가지 못한다는 것이다. 기업은 살아남기 위해 경쟁해야 하고, 그 과정에서 인건비를 줄이라는 압박을 받는다. 기업은 이윤을 극대화하는 것을 목표로 하며, 인건비는 주요 비용 중 하나이기에 이를 절감하려는 노력은 자연스러운 경영 선택이다. 직원들 역시 해고되지 않고 안정적인 직장을 유지하거나, 더 나은 조건과 급여를 제공하는 회사로의 이직을 고민하는 것은 당연한 반응이다.

하지만 서로의 인센티브가 다르면 신뢰는 쉽게 무너진다. 결국 직원들은 해고되지 않기 위해 최소한의 일만 하게 되고, 기회가 생기면 더 나은 조건의 회사로 떠나려 한다. 은행도, 정부도, 회사도 나의 이익을 최우선으로 생각하지 않는다. 그럴 수 없고, 그럴 필요도 없다.

사회가 복잡해질수록, 교육 수준이 낮거나 세상 물정에 어두운 사람들은 더 쉽게 불이익을 당한다. 특히 순진하거나 지나치게 고지식한 사람일수록 스스로 판단하기보다 조언자들의 말을 그대로 따르기 쉽다. 물론 믿을 만한 이들로부터 도움을 받을 수도 있지만, 스스로 전문가인 척하며 나서는 이들의 이기적이거나, 형편없거나, 무책임한 말에 기대게 될 가능성도 그만큼 높아진다.

수 많은 서류에는 다양한 조건들이 구체적으로 기술되어 있지만, 대부분의 사람들은 서류에 서명하는 것을 형식적인 절차로만 생각한다. 부동산 중개인은 거래를 성공시키는 것에 인센티브를 갖는다. 부동산 중개인의 말만 듣고 부동산을 매매하는 것은 훌륭한 선택이 아닐 가능성이 높다.

회사도 나의 이익을 최우선으로 생각하지 않듯, 정부 역시 다르지 않다. 그렇다면, 우리는 정부를 신뢰할 수 있을까? 정부의 입장에서는 나라를 살리는 것이 물가를 안정시키는 것보다 더 중요하다. 경기가 살아나야 그다음 물가도 안정시킬 방도를 찾을 수 있다. 하지만 나라가 살기 위해 뿌려지는 돈의 속도가 빠르면 은행에 돈을 보유한 사람들, 일반 국민의 삶이 팍팍해진다. 인플레이션으로 인해 실질 소득이 감소하고, 현금과 예금 등 화폐 가치를 떨어뜨린다. 국가 위기 상황에 해결책으로 이러한 통화정책이 자주 실행되지만, 이것은 돈을 보유한 사람들을 희생하여 정부가 이익을 얻는 구조이다. 통화량이 빠르게 늘어나면 화폐 가치가 하락하고, 이는 돈을 보유한 사람들에게 일종의 '눈에 보이지 않는 세금'으로 작용한다. 특히 자본가들보다 저소득층에게 더 큰 부담이 될 수 있다. 양적완화, 금리인하와 같은 정책은 돈을 보유한 사람들을 희생하여 정부가 이익을 얻는 과세 정책이라 할 수 있다. 하이퍼인플레이션은 매우 큰 과세 계획이다.

결국 모든 조직은 자신이 책임져야 할 전체를 우선한다. 정부는 국민 전체의 안정, 회사는 조직의 생존과 수익을 먼저 고려할 수밖에 없다. 정부와 국민, 회사와 직원 사이의 인센티브는 서로 충돌할 수밖에 없다. 회사나 정부가 이 구조적 문제를 완전히 해결할 수 없다.

개인은 열심히 일하지만, 전체 시장이 성장하는 속도에 비해 자신의 급여가 오르지 않는 경우가 많다. 직업이나 업종에 따라 급여 수준은 크게 다르다. 어떤 산업은 성장하면서 임금이 오르지만, 반대로 점점 쇠퇴하는 산업도 존재한다. 만약 내가 속한 산업이 후퇴하고 있다면, 급여가 정체되거나 줄어들 가능성도 있다. 산업 구조는 시간이 지나면서 끊임없이 변화하고, 그에 따라 인기 있는 직업

군도 달라진다.

만약 매번 더 높은 급여를 주는 직군으로 옮길 수 있다면, 물가가 오르더라도 생활이 그리 어렵지 않을 수 있다. 하지만 현실에서 그렇게 하기가 쉽지 않다. 게다가 내가 속한 회사에 물가 상승에 맞춰 급여를 올려줄 여유조차 없을 수도 있다. 경제는 성장해도, 그 과실이 모든 개인에게 고르게 돌아가지 않는다. 사회 구조를 원망하기보다, 그 안에서 스스로 살아남는 법을 배워야 한다.

집은 주거이자 자산이다

사람들이 가장 민감하게 반응하는 관심사 중 하나는 아파트 가격이다. 아파트 가격이 너무 비싸 전세로 살기로 결정했다고 해보자. 이때 시장 상황에 따라 전세가율은 달라진다. 매수 수요가 높으면 전세가율은 낮아지고, 전세 수요가 높으면 전세가율은 높아진다.

예를 들어, 아파트 가격이 7억이고 전세가율이 60%라면 전세금은 약 4.2억이다. 이 전세금의 실질 가치는 시간이 지나며 점점 줄어든다. 연 2.5%의 물가상승률을 가정할 경우, 4.2억 원의 전세금이 본래의 구매력을 유지하려면 2년 뒤엔 약 4.4억, 4년 뒤엔 4.6억, 10년 뒤엔 약 5.4억이 되어야 한다. 반대로 지금의 4.2억은 시간이 흐르며 가치가 점점 줄어들어, 2년 후엔 약 4억, 4년 후엔 3.8억, 10년 후엔 약 3.3억의 구매력만 남는다.

조용히, 그러나 분명히 전세금의 실질 가치는 줄어든다.

어떤 방식으로 살든, 집에 사는 데는 돈이 든다. 월세든, 전세든, 집을 사든 모두 결국 주거비용이다. 집은 우리가 머무는 공간이자 삶의 안정을 위한 수단이지만, 동시에 경제적 선택이기도 하다.

월세는 매달 노동소득에서 직접 비용이 빠져나간다.

전세는 목돈을 맡기는 대신 기회비용이 발생한다.

매수는 자산이자 부채가 되고, 향후 가격 변동에 따라 수익 또는 손실로 이어질 수 있다.

전세는 대출을 활용해 낮은 이자로 자금을 확보할 수도 있지만, 매수는 고금리일 경우 더 큰 부담이 될 수도 있다. 월세와 전세는 손실이 확정된 구조이고, 매수는 자산의 변동성에 따라 미래의 결과가 달라지는 구조다.

결국 집은 단순한 주거가 아니라 거대한 자산이며, 주거의 선택은 곧 자산의 선택이다.

월가의 전설 피터 린치는 집을 사고 남는 돈으로 주식에 투자하라고 조언한다. 고대 바벨론의 부자들도 자산을 보유하고 증식시키는 데 있어 놀라운 통찰을 가지고 있었으며, 그들의 지혜는 현대에도 여전히 유효하다. 그들은 수입을 저축하고, 자산을 소유하며, 현명하게 투자하고, 미래를 준비하라는 기본 원칙을 남겼다.

돈의 가치는 줄고 자산은 오른다

현대 사회에는 인플레이션을 상쇄할 수 있는 고이율의 안전한 금융상품이 존재하지 않는다. 돈은 계속 풀리고, 각국의 자금은 투자처를 찾아 떠돈다. 돈이 넘치면, 물가는 오르고 돈의 가치는 떨어진다.

기업가들과 자산가들은 이를 잘 안다. 그들은 현금을 쥐고 있지 않다. 대부분의 부는 자산으로 보유된다. 물가가 오르면 자산 가격도 오른다. 결과적으로, 자산가들은 인플레이션이 오히려 부를 늘려주는 경험을 한다. 반대로 현금을 보유한 사람은 점점 줄어드는 구매력을 체감하게 된다.

이러한 유동성 확대는 자산 가격 상승과 투자 수요 증가를 불러온다. 미국 연방준비제도(Fed)는 물가안정을 위해 금리 조정과 국채 매수·매도 등의 정책을 펼치며 물가상승률을 2% 내외로 유지하려 한다. 금리를 낮추면 돈을 빌리기 쉬워지고, 소비와 투자가 늘며, 인플레이션이 유발된다. 금리를 높이면 반대의 현상이 발생한다.

특히 미국은 국채를 발행해 전 세계에서 자금을 조달하는 구조다. 미국 국채는 가장 안전한 자산으로 여겨지며, 이는 전 세계 금융의 중심이 되는 이유이기도 하다. 미국 정부가 국채를 팔면 시장에서 달러를 흡수하고, 국채를 사면 달러를 풀게 된다. 이는 곧 시장 유동성 조절의 수단이다.

물가가 지나치게 오르면, 중앙은행은 금리를 높이고 국채를 매도하여 유동성을 줄이고자 한다. 반대로 경기 침체기에는 금리를 낮추고 국채를 매입해 유동성을 공급한다.

2%의 물가상승률은 중앙은행이 추구하는 이상적인 목표다. 이 정도의 상승은 소비를 자극하고 기업의 투자 활동을 활발하게 만든다. 물가가 지나치게 오르면 문제가 되지만, 반대로 물가가 정체되거나 하락하면 소비가 지연되고 경제가 둔화될 수 있다. 그래서 적정한 물가 상승은 경제가 건강하게 유지되는 데 필요하다.

코로나 이후 전 세계는 초저금리와 양적완화 정책으로 유동성을 급격히 늘렸다. 그 결과, 미국의 물가는 한때 8%를 넘어섰다. 이를 다시 2%대로 낮추기 위해 중앙은행들은 공격적으로 금리를 인상했고, 이 과정에서 경기 침체 우려도 커졌다.

이런 흐름 속에서 급여로 생활하는 사람들은 자산가들과 다르게 인플레이션에 대응하기 어렵다. 급여는 물가만큼 오르지 않고, 자산이 없는 상태에서 생활비는 올라만 간다. 소비를 줄이고 지출을 통제하는 방식 외에 뾰족한 대응이 어렵다. 반면, 자산가들은 자산을 통해 인플레이션을 이겨내고, 자산 버블의 혜택까지 누린다.

결국 돈의 가치는 계속 떨어지고, 자산 가격은 꾸준히 상승하는 구조 속에서, 투자하지 않으면 손해 보는 시대가 이어지고 있다. 통화량의 증가는 자산가에게는 기회가 되고, 현금 보유자에게는 위협이 된다. 현금을 보유할수록 가난해지고, 자산을 보유할수록 부자가 되는 세상이다. 현금을 움켜쥐는 동안, 당신의 부는 조용히 줄어든다.

④ 당신의 돈을 지키는 선택

잘못된 대응

(1) 현금만 보유한다

M1은 현금과 은행에 들어 있는 요구불예금처럼 언제든 인출이 가능한 돈을 뜻한다. M2는 여기에 일정 기간 묶이는 저축성 예금을 포함한 개념이다. 이 두 지표는 꾸준히 증가해 왔고, 이는 시중에 풀린 유동성이 계속 늘어났다는 의미다. 돈이 많아지면 그만큼 화폐의 가치는 줄어든다.

물론 예금은 안전하다. 5천만 원까지 보호되고, 언제든 찾아 쓸 수 있으며, 원금 손실 가능성도 거의 없다. 하지만 '안전'은 곧 '정체'를 뜻하기도 한다. 요구불예금은 단리로 이자가 지급되는데, 이는 원금에 대해서만 일정 비율의 이자를 주는 방식이다. 예를 들어 100만 원을 넣어두면, 10년이 지나도 원금에만 이자가 붙는다.

반면 복리는 다르다. 이자가 새로운 원금이 되어 다시 이자를 발생시키는 구조다. 복리의 힘은 시간이 흐를수록 커진다. 하지만 일반 예금은 이런 복리 효과를 기대하기 어렵고, 거기다 발생한 이자에 대해서도 15.4%의 이자소득세가 부과된다.

은행은 예금자에게는 낮은 이자를 지급하고, 그 돈을 더 높은 금리로 대출해 수익을 남긴다. 이를 예대마진이라고 한다. 결국 내 돈은 은행을 통해 누군가에게 더 높은 이율로 빌려주고 있는 셈이다. 하지만 그 차익은 나의 몫이 아닌 은행의 수익이 된다.

더 큰 문제는 물가다. 인플레이션이 지속되면 현금의 실질 가치는 줄어든다. 연평균 물가상승률이 3%라고 가정하면, 현재 1억 원의 구매력은 10년 뒤 약 7,400만 원, 20년 뒤에는 약 5,500만 원 수준으로 줄어든다. 아무리 안전하게 보관했다 해도, 시간이 지나면 돈의 실질 가치는 반 토막이 날 수 있다는 뜻이다.

(2) 소비를 줄인다

물가가 오르면 많은 사람들이 가장 먼저 선택하는 대응은 소비를 줄이는 것이다. 외식 횟수를 줄이거나, 여가비를 줄이고, 비싼 과일 대신 값싼 대체 식품을 고르며 버텨보려 한다. 언젠가는 나아지겠지, 시간이 지나면 다시 예전처럼 살 수 있겠지, 하는 기대를 품는다.

하지만 이런 방식은 임시방편일 뿐, 물가 상승의 본질적인 문제를 해결하지 못한다. 왜 시간이 갈수록 삶이 더 팍팍해지는지, 왜 같은 돈으로 살 수 있는 것이 점점 줄어드는지 이해하려면 돈의 구조를 알아야 한다.

시중에 풀리는 돈이 많아지면, 화폐의 가치는 자연스럽게 떨어진다. 이는 곧 물건값의 상승으로 이어진다. 같은 돈으로 살 수 있는 상품과 서비스의 양이 줄어들면, 그만큼 나의 구매력도 줄어든다. 다시 말해, 나는 가난해지는 것이다.

이러한 인플레이션은 조용하지만 지속적으로 자산의 가치를 갉아먹는다. 돈을 아끼고 소비를 줄여도, 시간이 지나면 돈의 실질 가치는 반 토막이 날 수 있다는 뜻이다.

단순한 소비 절약만으로는 자산을 지킬 수 없다. 피땀 흘려 번 돈을 보존하려면, 인플레이션을 상쇄할 수 있는 방식으로 자산을 운용해야 한다. 돈을 아끼는 것만으로는 부족하다.

단순히 현금을 보유하거나 소비를 줄이는 것으로 자산을 지킬 수 없다. 위험을 감수하지 않으면, 시간과 함께 가난해질 수밖에 없다.

(3)국내 주식에만 묶여 있다

미국과 한국의 경제 규모와 주식시장 시가총액을 비교해 보면, 굳이 한국 주식을 거래해야 할 이유는 크지 않다. 미국의 GDP는 약 30조 달러로, 한국의 13배가 넘고, 주식시장 시가총액은 전 세계의 절반을 차지한다. 반면, 한국은 전체 시가총액의 1.4% 수준에 그친다.

미국 주식시장이 세계 시가총액의 50%를 차지하는 것은 결코 이상한 일이 아니다. 미국은 약 30조 달러의 국내총생산(GDP)을 기록하고 있으며, 이는 세계 전체 GDP의 약 25~27%를 차지하는 압도적인 규모다. 여기에 애플, 마이크로소프트, 구글, 아마존, 엔비디아 같은 빅테크 기업들이 핵심 역할을 하고 있다. 우리가 매일 사용하는 아이폰, 맥북, 유튜브, 페이스북, 인스타그램, 모두 이들이 만든 것이다. 미국 기업들은 기술력 하나로 국경을 넘어 전 세계 소비자의 일상 속으로 깊숙이 들어와 있다. 이 정도면 세계 시장을 미국이 이끌고 있다고 해도 과언이 아니다.

이처럼 미국이 강한 이유는 단순히 기업이 뛰어나서만이 아니다. 미국은 자유시장경제를 대표하는 나라다. 누구나 창업할 수 있고, 실패할 수도 있다. 정부는 시장의 질서를 유지할 뿐, 가격이나 경쟁에 간섭하지 않는다. 실력이 있으면 올라가고, 없으면 자연스럽게 퇴출당한다. 그만큼 공정한 경쟁이 작동한다. 그래서 전 세계의 돈이 몰린다.

반면, 중국도 기술력 있는 기업들이 많다. 알리바바, BYD, 화웨이 같은 기업들이 대표적이다. 하지만 문제는 시장이 기업보다 정부에 더 종속되어 있다는 점이다. 기업이 아무리 잘해도, 국가 정책에 따라 운명이 바뀔 수 있다. 외국 투자자들이 중국을 꺼리는 이유다. 게다가 미국은 자국의 기술 우위를 지키기 위해 중국 기업들을 견제하고 있으며, 그 결과 중국 기업들이 해외에서 자유롭게 성장하기가 더 어려워지고 있다.

결국 미국 주식시장이 세계 시가총액의 절반을 차지하는 것은 거품이 아니라 실력이다. 세계 최대의 경제 규모, 글로벌 기술 리더십, 그리고 자유롭고 신뢰받는 시장 시스템이 함께 만들어낸 결과다. 전체 시가총액이 약 50조 달러, 전 세계 시총의 절반 가까이가 미국에 몰려 있다. 미국은 시장도 크지만 조정이 오면 또 빠르게 회복한다.

앞으로 5~10년은 물론, 그 이후에도 미국 중심의 시장 구조는 쉽게 바뀌지 않을 가능성이 크다. 신흥국이 성장하더라도 미국의 자본, 기술, 제도적 우위는 당분간 흔들리지 않을 것이다.

우리는 대한민국이라는 나라에 익숙하다. 좋은 회사가 있다면 투자할 수 있다. 하지만 몇 가지 주의 사항이 있다.

국내 주식은 정해진 돈 안에서 움직인다. 그러다 보니 결국 가는 종목만 간다. 시장 전체가 고르게 오르기보다는, 특정 섹터에만 자금이 몰린다. 어느 날은 2차전지가 오르고, 또 어느 날은 건설주나 방산이 오른다. 한쪽이 오르면 다른 쪽은 쉬고, 다시 다른 섹터가 돈을 받는다. 순환매다. 물론 한국에는 삼성전자, 현대차, LG에너지솔루션처럼 세계적으로 경쟁력 있는 기업들이 있다. 하지만 전기차나 배터리처럼 일부 분야에서는 중국 기업들이 빠르게 성장하면서 점유율을 높이고 있고, 일부에서는 한국 기업들을 앞섰다는 말도 나온다.

우리나라 전체 주식시장 시가총액은 대략 2,300조 원 정도다.
2021년처럼 장이 아주 좋을 때는 훨씬 더 커지기도 했지만, 일반적으로 크게 벗어나진 않는다. 오히려 크게 오르면 많이 빠진다. 2021년 한국 주식시장이 최고점을 찍었을 때 전체 시가총액은 약 2.4조 달러였다. 이후 한국 시장은 조정을 거치며 지금은 약 1.7조 달러 수준으로 줄었다.

앞서 언급한대로 산업 구조도 비슷하고, 게다가 들어오는 자금도 정해져 있다. 한국 주식시장은 국민연금이나 기관투자자, 외국인 투자자처럼 소수의 큰 자금이 시장을 움직이는 경우가 많다. 반면 미국은 연금저축이나 ETF에 투자하는 개인들의 돈이 매달 자동으로 시장에 들어오는 구조다. 이런 꾸준한 자금 유입 덕분에 시장이 안정적으로 성장할 수 있는 기반이 만들어진다. 국내시장에는 전체 시장에 흐르는 돈 크기 자체가 작다. 그래서 그 안에서 같은 종목들만 반복해서 움직인다. 시장이 전체적으로 커지기보다는, 한쪽에서만 반짝하고 마는 일이 많다.

냉정히 보면, 한국 시장은 좁고 얕다. 자금이 순환하면서 테마만

돌고, 시장 전체가 커지지는 않는다. 미국은 구조적으로 돈이 계속 들어오고, 시장도 커진다. 이런 차이를 이해해야, 어디에 어떤 방식으로 투자할지 감이 잡힌다.

장기적이고 안정적인 자산 성장을 추구한다면 굳이 한국 주식에 큰 비중을 둘 필요는 없다. 물론 일부 자산은 국내 시장에 투자할 수 있다. 다만 큰 수익을 기대하기보다는 안전마진을 확보한 뒤 일정 수익이 나면 매도하여 현금 보유로 전환하는 전략이 현실적일 수 있다.

블랙스완을 이기는 4가지 안전 전략

1. 버틸 수 있는 돈으로 시작하라

공포에 휘둘리지 않으려면, 애초에 버틸 수 있는 구조여야 한다.
생활비와 비상금은 투자 대상이 아니다.
하락장에서도 매도하지 않을 자신이 있는 자금만 투자하라.

2. 빚은 언제나 약점이 된다

레버리지는 상승장에선 수익을 키우지만, 하락장에선 손실을 증폭시킨다.
시장은 언제나 과도하게 빚진 투자자부터 무너뜨린다.
자산 대비 부채비율을 30% 이하로 유지하라.

3. 현금은 위기의 기회다

현금은 평소엔 수익을 내지 못하지만, 위기에는 가장 강한 무기가 된다.

무너지는 시장에서도 매수할 수 있는 사람만이 반등의 주인공이 된다.

강세장엔 현금을 늘리고, 약세장에는 비중을 줄여라.

4. 가격이 아닌, 시간에 강한 회사를 고르라

진짜 저평가는 숫자가 아니라 구조에서 드러난다.

기술력, 브랜드, 리더십처럼 시간이 지날수록 강해지는 경쟁력을 가진 기업을 선택하라.

위기 속에서도 더 좋아질 이유가 있는 기업, 그것이 진짜 저렴한 회사다.

Epilogue

이제는 자신만의 투자 철학을 세워야 할 때다

투자란, 내가 어디로 뛰어드는 것이고 또 내가 누구인지 알아가는 여정이다.

부끄럽지만 돌아보면 내가 왜 그 종목을 샀는지조차 기억나지 않는 투자도 많았다. 많은 정보를 알았지만, 정작 중요한 것들은 놓치고 있었다. 빠르게 변하는 소음과 같은 정보 속에서 본질을 잃고 있었던 것이다. 그 본질이란, 단지 숫자나 뉴스가 아니라 시장의 구조를 이해하고, 그 속에서 흔들리는 내 감정을 이해하는 것이었다.

만약 지난 몇 년간의 투자 결과가 만족스럽지 않다면, 투자 방법을 바꿔야 한다. 때로는 완전히 다른 길을 선택해야 한다. 지금의 삶이나 투자가 마음에 들지 않는다면, 이제는 다르게 살아야 한다. 생각을 바꾸고, 말과 행동을 바꾸고, 공부하는 방식도 달라져야 한다. 필요하다면 관계조차 새롭게 정비해야 한다. 변화는 내면에서

부터 시작된다.

변화는 결코 쉽지 않다. 말뚝에 묶인 새끼 코끼리처럼, 과거의 내가 나를 붙잡는다. 사실은 이미 충분한 힘이 있음에도 불구하고, 예전의 상처와 낙인이 시도조차 못 하게 만든다. 그것이 바로 학습된 무력감이다. 과거를 반복하면서 다른 결과를 기대할 수는 없다. 현명한 사람은 실수에서 배우고, 어리석은 사람은 같은 실수를 반복한다. 이제는 자신만의 투자 철학을 세워야 할 때다.

어느 날 문득, 철학자 탈레스의 일화를 떠올렸다. 그는 현실을 모른다는 조롱을 받았지만, 올리브 수확철을 앞두고 착즙기를 미리 사들여 큰 수익을 거두었다. 그리고 아무 일 없었다는 듯 다시 철학의 자리로 돌아갔다.

나 역시 수도자처럼 조용하고 단순한 삶을 살고 있었다. 그러나 시장이라는 낯설고 거친 세계에 끌려 들어갔고, 어느 순간 내 돈을 직접 투자하기 시작했다.

그 안에서 배운 것은 단순했다. 정보보다 감정, 기술보다 기질이 훨씬 더 중요하다는 사실이다.

이 책은 그 여정에서 얻은 깨달음을 바탕으로, 투자와 감정의 원리를 정리한 기록이다.

이제 나는 버핏의 고백처럼 말할 수 있다.

"찰리 멍거와 나는 언젠가 엄청난 부자가 될 것을 알고 있었다.

하지만 우리는 조급하지 않았다."

  단번에 천재가 될 수는 없지만, 10년, 20년이 지나면 분명히 더 큰 부를 이룰 수 있다는 확신이 생겼다. 그것이 나의 여정이었고, 이제는 당신의 차례일지도 모른다.

  당신이 단기 수익을 바라는 투기꾼이 아니라, 진짜 부를 쌓고 싶은 투자자라면, 이 책의 이야기는 분명 도움이 될 것이다.

이 책을 만든 생각들

이 책은 단지 나의 경험만으로 쓰인 것이 아니다.
투자에 대한 생각, 감정을 다루는 법, 인간의 본성을 이해하는 시각은 수많은 위대한 책들로부터 빚어진 것이다.
때로는 한 문장이, 때로는 한 사람의 통찰이 방향을 바꾸어주었다.

투자와 시장

『부의 기본 원칙』 - 제레미 밀러
워런 버핏이 버크셔 해서웨이를 인수하기 전, 1956년부터 1969년까지 운영했던 '버핏 파트너십' 시절의 파트너들에게 보낸 서한들을 기반으로 쓰인 주식투자 안내서. 버핏의 50년 성공의 핵심 원칙을 알고 싶은 이라면 반드시 읽어야 할 투자서다.

『월가의 영웅』 - 피터 린치
13년간 마젤란펀드를 연평균 29%의 수익률로 운용하며 최고의 실적을 올린 피터 린치의 대표 투자 전략서다. 6가지 주식 유형을 소개하며, 시장 예측보다 좋은 기업을 싸게 사는 전략을 강조한다. 타이밍보다 기업 분석의 중요성을 강조하는 장기투자 지침서다.

『현명한 투자자』 – 벤저민 그레이엄
가치투자의 고전. 버핏의 스승이 쓴 투자서다. 기업의 내재가치를 평가하고, '안전마진'을 확보해 리스크를 줄이는 원칙을 설명한다. 워런 버핏이 특히 8장과 20장을 반복해서 읽었다고 언급한 명저다.

『투자와 마켓 사이클의 법칙』 – 하워드 막스
시장 사이클과 인간 심리에 대한 깊은 통찰을 바탕으로, 투자 타이밍과 리스크 관리의 지혜를 전한다. 저점에 매수하는 전략을 알려준다.

『위대한 기업에 투자하라』 – 필립 피셔
버핏이 영향을 받은 두 사람 중 한 명이자, 최고의 투자자로 꼽히는 필립 피셔의 대표 저서다. 이 책은 탁월한 기업을 고르는 15가지 기준을 제시하고, 그런 기업을 장기 보유하라고 조언한다. 서문과 마지막에는 아들 켄 피셔가 아버지에 대해 쓴 글이 담겨 있다. 개인적으로는 아버지 필립 피셔의 이야기가 특히 인상 깊고 매력적으로 다가왔다.

『보수적인 투자자는 마음이 편하다』 – 필립 피셔
전작이 "위대한 기업"을 찾는 기준에 초점을 맞췄다면, 이 책은 "위험하지 않은 기업"을 고르는 기준에 초점을 맞춘다.
성장성과 안정성을 동시에 고려하는 보수적 성장주 투자 전략서다.

『어느 투자자의 회상』 – 에드윈 르페브르
전설적인 투기꾼 제시 리버모어의 일생을 통해, 주식 시장의 본질과 투자자의 심리를 생생하게 보여주는 책이다. 탐욕과 공포, 성공과 실패가 반복되는 리버모어의 이야기는 투자자에게 큰 울림을 준다.

『돈, 뜨겁게 사랑하고 차갑게 다루어라』 - 앙드레 코스탈로니

주식 투자의 본질을 재치 있게 풀어낸다. 군중 심리를 경계하고 '달걀 그림'으로 시장 사이클을 직관적으로 설명한다. "좋은 주식을 샀다면 수면제를 먹고 푹 자라"는 그의 명언처럼, 인내와 냉정함의 중요성을 강조하는 이 책은 코스탈로니의 마지막 저서다.

『3개의 질문으로 주식시장을 이기다』 - 켄 피셔

시장은 대부분의 정보를 이미 선반영하고 있다. 알려진 뉴스보다 대중의 '기대'와 '심리'를 읽는 것이 중요하다. 대다수가 잘못된 믿음을 가질 때, 그 반대편에 서는 것이 오히려 기회다. 성공 투자의 비밀을 알려주지만, 피셔의 말대로 대부분의 사람은 1장을 넘기기도 전에 책을 포기할 수 있다.

『주식시장의 17가지 미신』 - 켄 피셔

투자자들이 흔히 믿는 잘못된 상식을 논리와 데이터로 반박한 책이다. 『3개의 질문으로 주식시장을 이기다』의 피셔의 투자 철학을 좀 더 알기 쉽게 접할 수 있다.

『이기는 투자』 - 피터 린치

피터 린치의 투자 노하우를 전략과 실제 사례 중심으로 보다 깊이 있게 소개한 책이다.
『월가의 영웅』을 먼저 읽은 후에 접하면 이해와 활용에 더 도움이 된다.

『최고의 주식, 최적의 타이밍』 - 윌리엄 오닐

트레이딩으로 승부를 보려는 이들에게는 필독서다. 성장주를 선별해 상승 초기 매수, 하락 전에 매도하는 전략을 소개한다. '컵 핸들' 패턴을 설명하는 타이밍 중심 투자서다. 장기 투자자들도 한 번쯤 참고해볼 만한 통찰을 담고 있다.

심리와 기질

『안티프래질』 - 나심 니콜라스 탈레브
불확실성과 혼란, 스트레스를 통해 오히려 더 강해지는 '안티프래질' 시스템의 개념을 제시한다. 충격을 피하기보다 그것을 흡수하고 성장하는 구조야말로 장기적으로 살아남는 방식이다. 투자, 조직, 인생 전반에 적용 가능한 역발상적 사고를 담고 있다.
인생과 투자에 꼭 필요한 태도를 알려주는 책이다.

『생각에 관한 생각』 - 대니얼 카너먼
인간의 판단은 '빠른 사고'(직관)와 '느린 사고'(논리)라는 두 시스템에 의해 이루어진다.
이 두 체계가 의사결정에 어떤 영향을 미치는지를 다양한 실험과 사례를 통해 분석한 행동경제학의 대표작이다.

『넛지』 - 리처드 탈러, 캐스 선스타인
사람들의 선택을 자연스럽게 이끌어내는 '넛지(팔꿈치로 슬쩍 밀기)'라는 개념을 통해, 행동경제학의 핵심을 설명한 책이다. 복잡한 제도나 강요가 아니라, 선택의 방식을 어떻게 설계하느냐에 따라 사람의 결정이 달라질 수 있음을 보여준다. 공공정책, 금융, 건강관리 같은 일상 속에서 '넛지'를 현명하게 활용하는 방법을 소개한다.

『원칙』 - 레이 달리오
세계 최대 헤지펀드 브리지워터의 창립자 레이 달리오는,
'목표 설정 → 문제 인식 → 해결 전략 → 실행'으로 이어지는 체계적인 문제 해결 방식을 제시한다. 극단적 사실 기반과 투명한 피드백 문화를 강조하며,

1차 결과보다 2차, 3차 결과를 고려하는 장기적 사고방식을 알려준다.

『운과 실력의 성공방정식』 – 마이클 모부신
성공은 실력만의 결과가 아니라, 운과 실력의 결합임을 데이터와 사례로 입증한다.
운과 실력을 구분하는 법, 그리고 확률 기반의 의사결정 방식을 소개한다.
확률적 사고의 중요성을 깨닫게 된다.

『정리하는 뇌』 – 다니엘 레비틴
정보 과잉 시대, 인간의 뇌는 정리를 통해 효율을 높이려 한다.
집중력과 의사결정, 기억력은 '정리 능력'에 따라 달라지며, 물리적·디지털·심리적 공간에 질서를 세우는 방법을 다룬다.

『뇌, 욕망의 비밀을 풀다』 – 한스 게오르크 호이젤
인간의 소비와 행동은 이성보다 뇌의 욕망 시스템에 의해 좌우된다.
브랜드, 마케팅, 충동구매 등이 감정 회로와 어떻게 연결되어 있는지를 설명하며, 소비자 심리와 행동경제학의 접점을 흥미롭게 풀어낸다.

『도파미네이션』 – 애나 렘키
쾌락 과잉 시대에 인간이 어떻게 도파민에 중독되는지를 밝히고,
고통을 회피하려는 태도가 어떻게 중독을 키우는지를 날카롭게 분석한다.
절제와 균형, 고통을 감내하는 힘이야말로 진짜 자유를 만든다는 메시지를 전한다.

『일론 머스크』 – 월터 아이작슨
불가능에 도전하며 혁신을 이끈 일론 머스크의 삶과 사고방식을 조명한 전기.

그의 집요함, 리스크 감수, 독특한 사고법은 시대를 바꾸는 동력이 되었다. 천재성과 결점이 공존하는 인물을 통해 리스크 감수와 행동력의 본질을 이해할 수 있다.

『아직도 가야 할 길』 - M. 스캇 펙
성장은 고통을 받아들이고, 자기 책임을 지는 데서 시작된다고 말한다. 즐거움을 뒤로 미루는 능력, 책임감, 진실 추구, 균형을 이야기 한다. 깊이 있는 자기 성찰과 영적 성장의 길잡이가 된다.

『생각하라 그리고 부자가 되어라』 - 나폴레옹 힐
부는 기술이 아니라 태도에서 시작된다고 강조하는 자기계발 고전. 열망, 신념, 명확한 목표 설정이 성공의 출발점이며, 성공한 사람들의 공통된 태도를 정리해 행동 지침으로 제시한다. 마인드셋의 힘을 알려준다. 인생의 방향을 바꾸고자 하는 사람에게 강력한 동기를 부여하는 책이다.

주식투자 투자본능과의 싸움

초판인쇄	2025년 07월 11일
초판발행	2025년 07월 17일
지은이	고충성
발행인	조현수
펴낸곳	도서출판 더로드
기획	조용재
마케팅	최관호 최문섭
편집	이승득
디자인	오종국 (Design CREO)
주소	경기도 파주시 광인사길 68, 201-4호
전화	031-925-5364, 031-942-5366
팩스	031-942-5368
이메일	provence70@naver.com
등록번호	제2016-000126호
등록	2016년 06월 23일

정가 20,000원
ISBN 979-11-6338-489-2   13320
파본은 구입처나 본사에서 교환해드립니다.